Shopping Centers

Espaço, Cultura e Modernidade nas Cidades Brasileiras

Shopping Centers

Espaço, Cultura e Modernidade nas Cidades Brasileiras

Organizadores
Silvana Maria Pintaudi
Heitor Frúgoli Jr.

1ª Reimpressão

Editora UNESP
Fundação para o Desenvolvimento da UNESP

Fundação Editora da UNESP (FEU)

Praça da Sé, 108
01001-900 – São Paulo – SP
Tel.: (0xx11) 3242-7171
Fax: (0xx11) 3242-7172
www.editoraunesp.com.br
www.livrariaunesp.com.br
feu@editora.unesp.br

Dados Internacionais de Catalogação na Publicação (CIP)
(Câmara Brasileira do Livro, SP, Brasil)

Shopping centers: espaço, cultura e modernidade nas cidades brasileiras / organizadores Silvana Maria Pintaudi, Heitor Frúgoli Jr. – São Paulo: Editora da Universidade Estadual Paulista, 1992. – (Prismas)

ISBN: 85-7139-029-0

1. Centros comerciais – Administração 2. Centros comerciais – Brasil 3. Sociologia urbana I. Pintaudi, Silvana Maria. II. Frúgoli Junior, Heitor. III. Série.

92-1965 CDD-658.87

Índices para catálogo sistemático:

1. Centros comerciais: Administração 658.87
2. Shopping centers: Administração 658.87

Esta coletânea contou, para sua pesquisa e organização, com recursos financeiros oferecidos pelo Núcleo de Pesquisas e Publicações da Escola de Administração de Empresas de São Paulo, da Fundação Getúlio Vargas (NPP-EAESP/FGV). A revisão desses originais foi de Maria Isabel Vidigal Barbosa de Almeida.

Editora afiliada:

Asociación de Editoriales Universitarias de América Latina y el Caribe

Associação Brasileira de Editoras Universitárias

Sumário

Prefácio

Lida-se aqui com os *shopping centers* brasileiros, focalizados a partir de perspectivas múltiplas. Eles são vistos como novo espaço de lazer e sociabilidade, em especial para jovens; como canal alternativo para o comércio varejista, em particular dos bens e serviços ligados ao corpo e a casa, ao gosto e à moda, às classes médias e altas, – à distinção social, em suma. É observado também como grande empreendimento imobiliário capaz de orquestrar, via gerência centralizada, o estilo de ação e a relação com o público por parte de dezenas ou centenas de lojistas. Finalmente, é examinado como fator de mudança na expansão urbana e mesmo como espaço (por enquanto – infelizmente – só potencial) para o exercício da cidadania.

Entre os autores há geógrafos e arquitetos, que cuidam do espaço em sua materialidade física, e antropólogos, que o examinam em sua dimensão simbólica. Importante salientar que todas as contribuições se apoiam em estudos de campo. Tal circunstância, aliada à variedade de locais onde foram realizadas as observações, garante ao volume a originalidade, atualidade e abrangência que o tema reclama.

Outra virtude a salientar é a própria escolha do assunto por parte desse grupo de pesquisadores – aliás, composto, em sua maioria, por gente nova, em início de carreira. Quem trabalha com ciências sociais conhece o alto preço que precisam pagar aqueles que decidem romper com a hierarquia de temas no interior da universidade, e abrir-se a questões que o meio científico estabelecido está longe de se colocar. O leitor constatará, em muitas passagens, o tributo pago ao meio na linguagem adotada, no repertório teórico efetiva ou supostamente utilizado e nas dimensões privilegiadas na análise. Tudo se passa como se não fosse possível falar de *shopping centers* e das funções que eles exercem sem a severa roupagem da crítica das desigualdades sociais e da anarquia da expansão urbana, tão agudas no Brasil. Daí a forte tentação a querer explicar o surto dos *shopping centers* pela dinâmica da acumulação de capital e das contradições que esta desencadeia.

Na verdade, há um tema que atravessa praticamente todas as contribuições, e para o qual com toda certeza os autores não encontraram apoio em estudos prévios feitos em contexto nacional. É o da socialização das novas gerações da classe dirigente, ou seja, das formas difusas de educação de crianças e adolescentes das classes médias e altas. Se tais segmentos sociais (em seus vários grupos de idade) estivessem mais bem conhecidos no Brasil, certamente seria mais fácil para os autores contextualizarem as relações de seus adolescentes com os *shopping centers* no âmbito mais geral de sua experiência de vida e de socialização.

Como nota Silvana Pintaudi, dois terços das lojas, em um *shopping* qualquer, vendem vestuário. Esse vínculo do *shopping* com o espaço da moda coloca de forma eloquente a questão da formação do gosto e de seu papel nas estratégias de distinção social.

Disse uma vez Olívia Guedes Penteado – grande dama da alta burguesia paulista da Primeira República – que, "...quando se começa a achar bonitas as vitrinas do Mappin, está na hora de voltar a Paris". Ela queria, com essa frase saborosa, indicar, de um lado, o papel do grande magazine de importados na formação do gosto das classes privilegiadas na São Paulo dos anos vinte, e, de outro, a posição especial que algumas pessoas muito ricas e cosmopolitas como ela desfrutavam de poder se colocar à frente dos comerciantes e vitrinistas na renovação, via importação, de novos padrões estéticos.

Esse tempo definitivamente já acabou, como se constata em muitos depoimentos transcritos nesta coletânea. Dele só resta a nostalgia de um discurso que lamenta a violência urbana e a falta de segurança para que as famílias de elite continuem a desfilar sua excelência social nas grandes avenidas, nas ruas do comércio fino, em espaços públicos, enfim. Daí que o conceito de "geração confinada", com que se pretende caracterizar a educação da criança e do adolescente de classe privilegiada, no Brasil de hoje, seja bem apropriado.

O lugar das famílias de elite na renovação do gosto é hoje ocupado por um numeroso segmento de comerciantes, composto em grande parte por mulheres, com nível de escolarização bem acima do de seus pais ou avós. O cenário de sua atuação não é mais o grande magazine, nem a "loja de tradição" dos bairros elegantes; é antes a butique do *shopping center*, ou a cadeia de butiques que se ramifica pelo conjunto dos *shoppings* de uma capital ou de uma mesma região. Sem a consideração desse fato não é possível entender o sucesso comercial dos *shopping centers* nem a resposta positiva imediata que os lojistas das mais diversas localidades vêm dando às iniciativas de construção de novos *shoppings*. É ele também que está por trás da predisposição e da competência dos lojistas em obedecer às regras de trabalho estabelecidas pela administração dos *shoppings*.

Como sempre acontece com as boas pesquisas, as que geraram as contribuições para esta coletânea também apontam para muitos desdobramentos interessantes. Como coordenador de um centro de pesquisas que arrola, entre outras, cultura, consumo e comércio varejista como áreas permanentes de interesse, só me resta saudar esta iniciativa, esperando que sirva de inspiração a novos projetos.

São Paulo, agosto de 1991.

José Carlos Durand
Centro de Estudos da Cultura e do Consumo,
da Fundação Getúlio Vargas, em S.Paulo.

Apresentação

Os *shopping centers* ou SC, para simplificar, constituem, efetivamente, um fenômeno característico das grandes cidades brasileiras na década de 80. O fato não passou despercebido aos olhos da academia e, ao final dos anos 80, várias pesquisas sobre o tema, realizadas no âmbito das Ciências Sociais, foram apresentadas em forma de teses e dissertações em várias universidades brasileiras.

Foi em um desses eventos, numa defesa de tese, que nós, organizadores desta coletânea, nos conhecemos pessoalmente e decidimos pensar "num livro sobre *shopping centers*", já que o assunto estava se tornando alvo de interesse por parte de alguns ramos das Ciências Sociais e se tornava necessário divulgar o conhecimento já acumulado, para melhor poder discuti-lo. Diante disso, procuramos reunir textos que colocassem de modo sistemático o papel dos *shopping centers* no Brasil, retratando realidades urbanas diferenciadas e representativas, como São Paulo e o interior paulista, Belo Horizonte e Porto Alegre. Tais textos nasceram de leituras eminentemente acadêmicas sobre o *shopping center* e o enfocam a partir de diferentes perspectivas de análise nos campos da Antropologia, da Geografia, da Sociologia e da Arquitetura. A única exceção à regra é o ensaio do arquiteto Wilson Ribeiro dos Santos Jr. e do fotógrafo Antonio J. Saggese, que não nasceu de um trabalho de mestrado ou doutorado. Aliás, embora arquitetos participem desta coletânea, ela não pode e nem pretende ser um espaço representativo do que vem sendo produzido nessa área a respeito do tema. Procuramos apenas levantar, no amplo espectro da arquitetura, alguns pontos que também convergem com discussões presentes nas Ciências Sociais, tais como o imaginário urbano, a criação de novos espaços e centralidades que, por sua vez, criam formas específicas de sociabilidade, as dimensões simbólicas e culturais ligadas ao uso e apropriação do espaço, e assim por diante.

A vivência do trabalho e o crescente interesse social pelo tema – basta ver a recorrência com que os *shoppings* são tratados pela grande imprensa – nos indicou que o tema também interessaria a leitores além-muros da universidade e, desta forma, procuramos nos expressar numa linguagem menos formal, mais acessível, porém sem perder a conotação científica.

Estes empreendimentos representam uma modernização multifacetada que abarca desde problemas referentes ao dinamismo do capital imobiliário, até os relativos ao encontro e sociabilidade, passando pelos da distribuição de mercadorias no varejo, da localização espacial, dos estilos de consumo, da esfera do lazer, do cenário arquitetônico, entre outros.

Suas diferentes dimensões suscitam muitas indagações, tais como: quais as especificidades internas deste fenômeno e o que o diferencia de outros empreendimentos comerciais e privados? Quais são os impactos que provocam na "geografia comercial" da cidade? Que papel desempenham nas novas estratégias de ocupação urbana? Que novas relações internas nascem entre administradores e lojistas? Como se dá o "diálogo" dos *shopping centers* com outros espaços e instituições urbanas? Pode-se falar numa "cenografia" de indução ao consumo? Vitrinas, néons, simulações de praças, bulevares, calçadões: qual o alcance da expressão "consumo de imagens"? Que demarcações se estabelecem entre essas novas "centralidades" e os centros tradicionais? Em que medida esses locais de acesso público podem ser chamados de "espaços interclasses"? Como os diferentes grupos sociais que o frequentam constroem suas redes de relações e demarcam tanto identidades quanto diferenças? Quantos rituais – ainda que inconscientes – se revelam e norteiam as relações entre frequentadores, principalmente na esfera do lazer? Seria possível pensá-los como equipamentos coletivos modernos que, ao invés de "isolarem-se" das cidades, poderiam se integrar a elas de modo mais orgânico?

Essas e muitas outras questões, analisadas através das referências fornecidas pelas Ciências Sociais, podem se adicionar de forma estimulante e crítica a outras áreas que vêm produzindo conhecimento sobre o assunto, ou mesmo promovendo intervenções neste objeto. E, embora discutidas a partir dos *shopping centers*, abrem perspectivas para a reflexão de vários aspectos relativos à nossa modernidade, uma temática altamente desafiante.

São Paulo, maio de 1991.

Silvana Maria Pintaudi
Heitor Frúgoli Jr.

1 O Shopping Center no Brasil Condições de Surgimento e Estratégias de Localização

Silvana Maria Pintaudi*

Em 1988, enquanto o comércio varejista registrava queda em suas vendas, os *shopping centers* registravam um aumento de cerca de 20% em relação a 1987, ainda que apenas 6% das compras realizadas no varejo fossem feitas em SC. Isto significou um faturamento de 2 bilhões de dólares que os consumidores gastaram entre joias, roupas e pipocas: dos quais 10% ficaram nas mãos dos proprietários, um resultado que permite até mesmo questionar se os anos 80, denominados de "década perdida" pelos economistas, foram ruins para todos os setores da atividade econômica.

É nítido que o marco para este fenômeno no Brasil é o ano de 1980. Embora os germens da expansão dos SC já se estivessem manifestando na segunda metade da década de 70, é a partir de 1980 que esta expansão se dá de maneira efetiva, ou seja, é quando o volume de implantações aumenta, indicando o caráter irreversível do processo.

O objetivo deste trabalho é o de mostrar em que condições socioeconômicas surgem os SC no Brasil e a sua estratégia de localização no Estado de São Paulo.

Shopping Center significa um empreendimento imobiliário de iniciativa privada que reúne, em um ou mais edifícios contíguos, lojas alugadas para

* Geógrafa. Depto. de Planejamento Regional do Instituto de Geociências e Ciências Exatas da Universidade Estadual Paulista (UNESP) – Campus de Rio Claro – São Paulo.

comércio varejista ou serviços. Distinguem-se umas das outras não somente pelo tipo de mercadoria que vendem (o *tenant mix* planejado pela empresa prevê a presença de várias lojas do mesmo ramo para permitir a compra por comparação), como também por sua natureza distinta (lojas-âncora e lojas de comércio especializado e serviços – que podem ou não pertencer a redes). A estrutura e funcionamento do empreendimento são controlados por um setor administrativo, necessário para o funcionamento eficaz do SC, o que significa dizer que é o setor cuja responsabilidade é zelar pela reprodução do capital da empresa. Além disso, está a presença de um parque de estacionamento, cujo tamanho depende do porte do empreendimento e da sua localização. Historicamente, esse é um fenômeno característico (ainda que não necessário) das sociedades capitalistas monopolistas.[1]

Esses são os traços que caracterizam os SC brasileiros. Alguns empreendimentos, porém, apresentam-se de forma incompleta, como é o caso do SC Jardim Sul (São Paulo/SP), que não possui loja-âncora.

Os SC, enquanto empresas de grande capital, surgem no Brasil no momento em que as condições de desenvolvimento do capitalismo necessitam do monopólio do espaço, para reprodução contínua e ampliada do capital, porque é através do poder de mercado que são equacionados os problemas da acumulação do capital. Não é por acaso que as grandes lojas ou grandes empresas de supermercados (que no SC figuram como lojas-âncora) estão presentes neste espaço. Enquanto empresas de grande capital que necessitam continuar sua acumulação, elas também necessitam deste espaço comercial concentrado, que desenvolve toda uma estratégia para atrair os consumidores, ou seja, a associação não é fortuita.

No âmbito do consumo, é preciso destacar que a sociedade capitalista, em seu desenvolvimento, passou a produzir um número tão grande de objetos cuja realização era necessária, que acabou transformando a qualidade do consumo. Segundo Marc Guillaume:

> (...) é preciso entender por objetos não somente os bens duráveis de consumo (vestuário, aparelhos eletrodomésticos, móveis, automóveis etc.), mas também os bens não duráveis, os serviços (de transporte, de turismo, de saúde, ...), as habitações e mesmo os equipamentos coletivos (escolas, hospitais, creches, estradas etc.). O que faz a unidade desta categoria de objetos é o fato de serem produzidos por organizações e se interporem nas relações interindividuais. Eles revolucionam as relações tradicionais entre os homens, mediatizando-as. Não tanto por suas funções utilitárias, mas por suas funções de

---

1. S. M. Pintaudi, *O Templo da Mercadoria*: estudo sobre os *shopping centers* no Estado de São Paulo, São Paulo: Ed. do Autor, 1989.

signo. Todos os objetos, suportes de signos, introduzem um novo modo de comunicar entre os homens e transformam suas relações sociais.[2]

Promove-se uma desarticulação no consumo ou, ainda, uma nova articulação. Consumir um determinado objeto, por exemplo, comprar um aparelho de televisão em cores com controle remoto, para substituir um aparelho de televisão em cores, não significa tanto a utilidade do objeto em si, mas a capacidade de consumo que ele subentende. Segundo Milton Santos,

> (...) numa sociedade tornada competitiva pelos valores que erigiu como dogmas, o consumo é o verdadeiro ópio, cujos templos modernos são os *shopping centers* e os supermercados, aliás, construídos à feição das catedrais. O poder de consumo é contagiante, e sua capacidade de alienação é tão forte que a sua exclusão atribui às pessoas a condição de alienados. Daí a sua força e o seu papel perversamente motor na sociedade atual.[3]

Como se depreende do exposto, o caráter do consumo na sociedade capitalista hodierna é um fator de suporte para o desenvolvimento dos SC, lugares atraentes do ponto de vista arquitetônico e onde não existem problemas sociais, ao menos aparentemente.

As Condições Socioeconômicas em que Surgiram os *Shopping Centers* no Brasil

No Brasil, o primeiro SC se instalou em 1966 em São Paulo e permaneceu único até o período seguinte, quando surgiram mais dois SC, um no Distrito Federal e outro no Paraná. Entre 1975 e 1979 foram inaugurados mais quatro SC (dois em São Paulo, um em Minas Gerais e um na Bahia) e foi só a partir de 1980 que o fenômeno se difundiu por outros Estados brasileiros (ver Quadro 1). É interessante observar que foi na década de 80 que o SC surgiu no Rio de Janeiro, enquanto em São Paulo e no Paraná já estava triplicando o número de implantações e duplicando no Distrito Federal. Também é preciso notar que o ritmo das implantações no Rio de Janeiro (entre 1980 e 1984) indica que o SC já era um fenômeno validado alhures. Os primeiros SC implantados (em SP, DF, PR, MG e BA) no decurso dos anos 1966-1979 não foram seguidos

2. M. Guillaume, *Le Capital et son double*, Vendôme: PUF, 1975, p.35.
3. M. Santos, *O espaço do cidadão*, São Paulo: Nobel, 1987, p. 34.

de uma segunda implantação no mesmo Estado no período subsequente ao da primeira, o que significa dizer que houve um período de maturação do fenômeno nas unidades da federação onde ele se instalou de forma quase pioneira. A partir dos anos 80, o SC já estava consolidado (ver Figura 1). Esta Figura mostra também a concentração de SC nos Estados de São Paulo e Rio de Janeiro.

Quadro 1 – Dados gerais sobre os *shopping centers* brasileiros

Nº de Ordem	Nome do *Shopping Center*	Cidade	UF	Data de Inauguração	Fonte de Financiamento	Área Bruta Locável m²	Nº de L. A.	Nº de Lojas	Nº de Vagas p/Estacionar
01	S. C. Iguatemi	São Paulo	SP	27/11/66	RP	42.000	2	293	1.817
02	S. C. Matarazzo	São Paulo	SP	10/75		25.000	1	95	1.428
03	S. C. Ibirapuera	São Paulo	SP	06/08/76	CEF	42.600	5	278	3.100
04	S. C. Eldorado	São Paulo	SP	09/81	RP	64.000	1	243	5.000
05	Morumbi Shopping	São Paulo	SP	05/82	CEESP	61.600	5	268	3.000
06	Center Norte	São Paulo	SP	04/84		54.835	6	234	8.000
07	Lar Center	São Paulo	SP	06/87		35.809	5	103	3.000
08	Shopping Interlagos	São Paulo	SP	09/88		63.000	5	160	2.800
09	S. C. Paulista	São Paulo	SP	11/89		24.000	2	144	1.100
10	Shopping Jardim Sul	São Paulo	SP			16.500			1.130
11	S. C. Leste	São Paulo	SP	10/90			4	160	3.000
12	S. Pompeia Nobre	São Paulo	SP						
13	West Plaza Shopping	São Paulo	SP	05/91			4	220	
14	S. Tatuapé	São Paulo	SP						
15	Jardins Shopping Fashion	São Paulo	SP						
16	S. C. Água Branca	São Paulo	SP			17.100	6	520	18.000
17	Center Shop. S. Bernardo	S. Bernardo	SP	05/80	Unibanco	16.256	2	80	960
18	S. C. Iguatemi Campinas	Campinas	SP	05/80	CEESP	44.000	4	192	3.000
19	Ribeirão Shopping	Rib. Preto	SP	05/81		20.136	4	91	1.392
20	L. Am. S. C. Pres. Prudente	P. Prudente	SP	11/86	RP	7.000	1	40	580
21	Center Vale Shopping	S. J. Campos	SP	05/87		30.684	6	223	2.000
22	Miramar Shopping Center	Santos	SP	06/87	RP	16.049	1	139	600
23	S. C. Piracicaba	Piracicaba	SP	10/87		22.434	5	164	1.500
24	S. Grande ABC	S. André	SP	11/87	RP		1		
25	Golden Shopping	S. Bernardo	SP	1988			1		
26	Bebedouro S. C.	Bebedouro	SP	05/89	RP		1	40	12.000
27	S. C. Aicás	P. Prudente	SP						
28	Max Shopping Jundiaí	Jundiaí	SP	10/89		23.494	3	120	1.600
29	Rio Preto Shopping	S. J. R. Preto	SP	04/89		18.000	2	79	1.200
30	S. C. Limeira	Limeira	SP	09/89	RP	16.000	1	120	1.500
31	Taubaté S. C.	Taubaté	SP	11/89		11.824	1	95	2.000
32	Guará Shopping	Guaratinguetá	SP	1989		11.953	1	90	1.150
33	Esplanada S. C.	Sorocaba	SP				3		
34	S. C. Penha	São Paulo	SP			17.495	1	237	1.000
35	Carrefour Praia Shopping	São Vicente	SP	07/89		10.853	1	34	952
36	Rio Sul S. C.	R. de Janeiro	RJ	04/80	CEF	43.583	5	300	3.100

Nº de Ordem	Nome do *Shopping Center*	Cidade	UF	Data de Inauguração	Fonte de Financiamento	Área Bruta Locável m²	Nº de L. A.	Nº de Lojas	Nº de Vagas p/Estacionar
37	Barra Shopping	R. de Janeiro	RJ	10/81	RP	53.690	4	322	3.000
38	S. Conrado Fashion Mall	R. de Janeiro	RJ	10/82		12.600	1	140	980
39	Rio Design Center	R. de Janeiro	RJ	12/83		5.180	3	62	240
40	S. C. Bauhaus	Petrópolis	RJ	11/84		3.623		34	100
41	Casa Shopping	R. de Janeiro	RJ	1984		18.501	2	108	1.200
42	Plaza Shopping	Niterói	RJ	10/86		22.000	4	184	12.000
43	Norte Shopping	R. de Janeiro	RJ	06/86		37.700	2	205	2.000
44	Ilha S. Center	R. de Janeiro	RJ			17.000	2	120	950
45	Madureira Shopping Rio	R. de Janeiro	RJ	04/89		25.000	2	212	1.500
46	Sider Shopping Center	Volta Redonda	RJ	10/89		10.856	2	120	660
47	Hiper Shopping ABC	Petrópolis	RJ	07/89		24.581	3	214	1.432
48	Belo Horizonte Shopping	Belo Horizonte	MG	09/79	City Bank	40.207	4	202	2.352
49	Ubershopping	Uberlândia	MG	04/87		17.000	3	91	1.200
50	Shopping Del Rey	Belo Horizonte	MG			49.200	4	223	2.600
51	Minas Shopping	Belo Horizonte	MG			32.000	5	200	3.000
52	Centro Com. Vila Velha	Vitória	ES	09/88				100	840
53	Shopping Vitória	Vitória	ES			27.763	4	160	1.720
54	Com-Tour Londrina S. C.	Londrina	PR	10/73	RP	17.301	2	31	344
55	S. C. Água Verde	Curitiba	PR	11/84	CEF	4.617	3	74	585
56	Muller S. C.	Curitiba	PR	09/83	CEF	23.325	3	170	1.500
57	Eldorado S. C. Londrina	Londrina	PR				4	150	3.000
58	S. C. Itaguaçú	Florianópolis	SC	04/82	CEF	19.346	3	152	1.100
59	S. C. Della Giustina	Criciúma	SC	11/84	RP	5.045	1	52	320
60	L. Am. Shop Center	Joinville	SC	08/86	RP	8.000	1	45	500
61	S. C. Iguatemi P. Alegre	P. Alegre	RS	04/83	CEF	29.100	5	110	2.000
62	Novo Shopping	N. Hamburgo	RS			15.420	2	140	640
63	Sinos Center	S. Leopoldo	RS			12.257	2	85	622
64	S. C. do Conj. Nac. Brasília	Brasília	DF	11/71	CEF/BB	56.500	4	220	2.300
65	Park Shopping	Brasília	DF	11/83		30.493	5	125	2.500
66	Center Sul Shopping	Brasília	DF						
67	Sp. Box Center Taguatinga	Taguatinga	DF	12/89		13.852	1	42	800
68	Flamboyant S. C.	Goiânia	GO	10/81	CEF	28.948	4	93	2.220
69	S. C. Boungainville	Goiânia	GO						
70	S. C. Eldorado C. Grande	C. Grande	MS	10/89		34.000	3	160	2.000
71	Goiabeiras S. C.	Cuiabá	MT						
72	Ilha Shopping	São Luiz	MA						
73	Tropical Shopping Center	São Luiz	MA	06/86		7.354	1	103	700
74	Hiper-Center Bompreço	Natal	RN	09/82		15.321	2	43	736
75	Natal S. C.	Natal	RN			18.700	2	110	916
76	S. C. Recife	Recife	PE	10/80	CEF	31.234	5	259	2.122
77	S. C. Iguatemi Fortaleza	Fortaleza	CE	04/82	CEF	24.655	4	102	2.000
78	Hiper Center Bom Preço	Maceió	AL	04/87		17.135	2	56	1.000
79	S. C. Iguatemi Maceió	Maceió	AL	04/89		23.762	4	87	1.300
80	Riomar Shopping Aracaju	Aracaju	SE	04/89		30.734	2	102	1.780
81	Shopping Barra	Salvador	BA	11/87			1	220	2.100
82	S. C. Iguatemi Bahia	Salvador	BA	12/75	CEF	49.484	5	266	2.952
83	Manaira Shopping Center	João Pessoa	PB	10/89		9.954	1	93	958
84	Amazonas S. C. Manaus	Manaus	AM			25.000	3	130	1.500

Se tomarmos os dados referentes à população brasileira, veremos que a distribuição territorial de SC, em diferentes quantidades e dimensões, nada tem de casual.

Em primeiro lugar, há que se salientar que a população brasileira cresceu a taxas menores, a partir de meados da década de 60, mas, apesar disso, a população residente no Brasil continuará aumentando em termos absolutos e haverá uma modificação na sua composição etária, ou seja, a população acima dos 19 anos de idade será, como efetivamente já é, percentualmente maior do que aquela dos anos 70. Este fato indica uma mudança de comportamento no

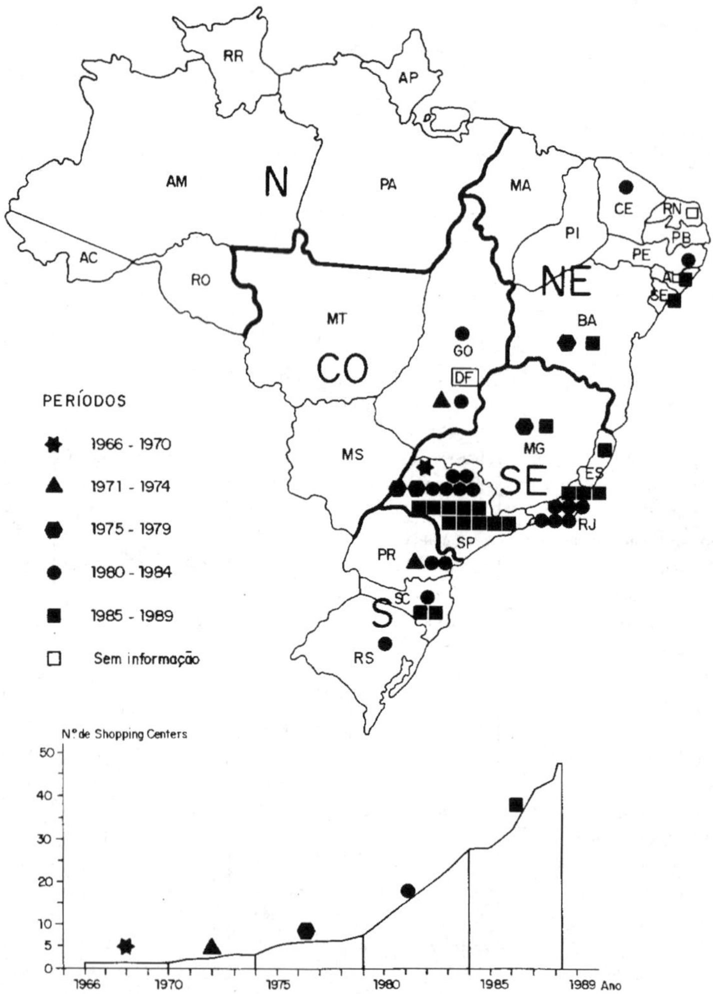

FIGURA 1 – *Shopping Centers* no Brasil
Período de início da atividade

que respeita à procriação. É preciso não esquecer, também, que as mulheres passaram a integrar o mercado de trabalho para complementar os rendimentos familiares e, se em 1920 elas representavam 15,3% da população economicamente ativa, em 1982 significavam 32,2% desta população, o que implica modificações nos hábitos de consumo.

Por outra parte, a população passou a viver cada vez mais nas cidades. A partir da década de 50, com o processo de industrialização em curso no País, a população rural começou a diminuir relativamente e, consequentemente, temos mais pessoas nas cidades, o que significa mais pessoas mudando hábitos de consumo. Se, em 1960, 55% da população brasileira residiam no campo e 45% na cidade, em 1970 a situação era inversa, melhor dizendo, 44% da população residiam na zona rural e 56% na urbana. O Quadro 2 mostra que, sem dúvida, constituiu um processo rápido a urbanização no Brasil, tendo se concentrado na Região Sudeste.

Quadro 2 – População urbana segundo a região % (1940-1980)

Regiões	1940	1950	1960	1970	1980
Norte	28	31	38	45	52
Nordeste	23	26	34	42	50
Sudeste	39	47	57	73	83
Sul	28	29	37	44	62
Centro-Oeste	21	24	35	48	67

FONTE: *Retrato do Brasil*, 1985, v. 3, p. 218.
Com base nos Censos Demográficos da Fundação IBGE.

Podem constatar-se os altos índices de urbanização nos Estados de São Paulo (88,63%) e Rio de Janeiro (91,82%) em 1980, segundo dados da Fundação IBGE. Além do mais, a perspectiva é de que a população continue a se concentrar na Região Sudeste do País, ou seja, 43,5% da população residente no Brasil no ano 2000 estarão nesta região, e o Estado de São Paulo, sozinho, terá 22,32% do total do Brasil, quando em 1980 tinha 21,04% (projeções da Fundação IBGE).

Entre 1960 e 1980, também cresceu o número de cidades com mais de 1 milhão de habitantes. Se em 1960 elas eram duas e comportavam 9% da população total do País, em 1980 elas eram 6 e se constituíam no local de residência de 15% da população total. As cidades com mais de 100.000 habitantes também crescem em número; em 1950 eram 10, e nelas viviam 13% da população total, enquanto em 1980 eram 95, com 32% da população total do país. Assim, em 1980, 47% da população brasileira viviam em 101 cidades, todas com mais de 100.000 habitantes.

Cabe ainda destacar a concentração de população nas regiões metropolitanas do Brasil. Em 1980, as três regiões metropolitanas do SE (São Paulo, Rio de Janeiro e Belo Horizonte) concentravam 20,3% da população residente no Brasil, enquanto as demais regiões (Recife, Porto Alegre, Salvador, Fortaleza, Curitiba e Belém) concentravam outros 8,7%.

A presença de SC em diferentes regiões do País não é, pois, fortuita do ponto de vista da distribuição e do crescimento da população. Além disso, a concentração de SC nos Estados do Rio de Janeiro e, fundamentalmente, de São Paulo, se deve ao fato de que esses Estados não somente têm um grande contingente populacional, como também, são grandes mercados consumidores, o que equivale a dizer que não é suficiente ter um número elevado de habitantes, mas também é necessário concentrar poder aquisitivo. Vejamos alguns dados que confirmam o que dissemos: apesar de haver uma certa semelhança de distribuição da população nas diferentes classes de rendimentos nas diversas regiões, exceto no Nordeste, o fato de a Região Sudeste concentrar um maior número de pessoas indica que é aí, onde circula a maior massa de dinheiro, sem contar que é também aí, onde se concentram as pessoas com os rendimentos mais altos (ver Quadro 3). Não é estranho, então, que na Região Sudeste se encontre o maior número de SC.

Quadro 3 – Porcentagens das pessoas com mais de 10 anos por regiões segundo classes de rendimentos

Classes de Rendimentos	Região Norte (I)			Região Nordeste			Região Sudeste			Região Sul			Região Centro-Oeste		
	1983	1985	1986	1983	1985	1986	1983	1985	1986	1983	1985	1986	1983	1985	1986
até 1/2 sal. min.	0,14	0,19	0,14	5,22	4,52	3,71	3,39	3,60	2,43	1,18	1,14	0,89	0,50	0,50	0,34
mais de 1/2 a 1 sal. min.	0,27	0,25	0,26	3,89	4,00	4,09	5,19	5,22	5,06	1,73	1,66	1,73	0,77	0,76	0,70
mais de 1 a 2 sal. min.	0,36	0,39	0,41	2,97	3,36	3,64	6,90	6,99	6,45	2,48	2,41	2,34	1,01	1,05	0,96
mais de 2 a 3 sal. min.	0,20	0,24	0,25	1,06	1,09	1,24	3,97	3,62	4,02	1,31	1,16	1,28	0,48	0,43	0,52
mais de 3 a 5 sal. min.	0,15	0,23	0,27	0,68	0,94	1,14	3,29	4,02	4,94	0,93	1,26	1,42	0,33	0,47	0,62
mais de 5 a 10 sal. min.	0,13	0,17	0,20	0,56	0,60	0,70	2,86	3,14	3,52	0,73	0,88	0,99	0,28	0,34	0,40
mais de 10 a 20 sal. min.	0,05	0,07	0,09	0,21	0,24	0,29	1,21	1,32	1,62	0,31	0,37	0,40	0,13	0,18	0,23
mais de 20 sal. min.	0,01	0,03	0,03	0,08	0,11	0,13	0,50	0,62	0,78	0,11	0,17	0,19	0,05	0,08	0,11
sem rendimentos	1,32	1,38	1,35	13,28	13,08	12,85	18,83	17,51	17,51	7,47	6,96	6,71	3,00	2,91	2,88
sem declaração	0,00*	0,00*	0,00*	0,10	0,06	0,07	0,09	0,15	0,21	0,03	0,02	0,02*	0,00*	0,00*	0,00*
total	2,68	2,96	3,02	28,10	28,01	27,90	46,29	46,20	46,24	6,30	16,05	16,02	6,61	6,76	6,80

FONTE: *Pesquisa Nacional por Amostra de Domicílios* – 1983/1985/1986 – FIBGE.
* – o número é inexpressivo.
(I) – exclusive as pessoas da zona rural.
OBS.: Total da População Brasileira com mais de 10 anos em: 1983 = 92.886.828
1985 = 99.211.209
1986 = 101.870.712

A distribuição de rendimentos no Brasil, ao longo das três últimas décadas, tem demonstrado o lado perverso do desenvolvimento do capitalismo no Brasil. Houve um aumento, entre 1960 e 1983, da concentração de rendimentos nas mãos dos 20% mais ricos. Os 50% mais pobres da população economicamente ativa (PEA), que em 1960 recebiam 17,4% da renda nacional, em 1983 recebiam apenas 12,2%. Os 30% da PEA que estavam em situação intermediária também perderam parte do que recebiam em favor dos mais ricos (4,6% entre 1960 e 1983), porém essa situação é muito diferente daquela dos 50% mais pobres; mesmo porque há que se conservar uma parte da população com uma certa capacidade de consumo, para que a economia possa funcionar. Resta lembrar que, em 1980, o Banco Mundial, através de um levantamento em 61 países, mostrou que a concentração de renda no Brasil por parte das famílias mais ricas, que totalizaram 10% das famílias residentes no Brasil, era de 50,6%, o que significava que a situação era pior, quando comparada à dos demais países. Estranha a "modernidade" brasileira, para não dizer que é manca. Enquanto de um lado temos a presença de majestosos SC, de outro temos a presença da mais negra miséria.

Mas não é possível falar desta distribuição desigual dos frutos da produção, sem falar do comportamento da economia brasileira. De 1945 até 1980 o crescimento foi ascendente, e a taxas altas, ou seja, até 1962 o produto interno bruto (PIB) cresceu a uma taxa entre 6 e 7% ao ano e entre 1967 e 1973 a média de crescimento foi de 11,2% ao ano (período do chamado "milagre econômico"). Depois de 1974 o crescimento se faz a taxas menores, mas mesmo assim, entre 1973 e 1980 a média é de 7,1% ao ano.[4]

É preciso não esquecer que, a partir da década de 60, as taxas de crescimento da população passam a ser menores, o que faz aumentar a produção *per capita*. É no início da década de 80 que esta situação passou a se modificar, ou seja, o crescimento do PIB reduz.

Desde 1970, encontramos uma economia predominantemente urbana. O setor agrícola, que nas décadas de 50 e 60 era o gerador da riqueza, a partir de 1970 permanece quase estacionário em termos percentuais, o que não significa dizer que a produção não tenha aumentado em números absolutos. Paralelamente, o setor industrial cresce, mas sofre uma redução percentual em sua participação no PIB a partir de 1980. Em compensação é significativo o crescimento do setor de serviços que, de 43,4% em 1970, passa a compor 49,2% do PIB em 1985. (Fonte: Fundação IBGE, Contas Nacionais).

---

4. H. Jaguaribe et al., *Brasil: reforma ou caos*, Rio de Janeiro: Paz e Terra, 1989, p. 54-55.

A industrialização brasileira, a partir dos anos 30, teve como motor o processo de substituição de importações, já que a crise econômica mundial de 1929 reduzira drasticamente a capacidade de importar os produtos consumidos internamente. Por outro lado, esse processo foi possível graças a uma ação governamental, que não só implantou indústrias básicas – refinaria de petróleo e siderúrgica – e deu subsídios às indústrias de iniciativa privada, permitindo a ampliação e a diversificação da estrutura industrial, como também estabeleceu uma legislação trabalhista para regular as relações entre empregadores e empregados.

A política de industrialização, desenvolvida principalmente a partir de 1945, favoreceu a implantação não só do capital, como também da empresa estrangeira, e a indústria automobilística teve um importante papel neste processo, marcando o caráter do nosso crescimento econômico, além de contribuir para a concentração geográfica de indústrias no Sudeste do País.

A expansão econômica, registrada nas décadas de 60 e 70, tem suas bases na política econômica adotada pelo governo brasileiro, garantida por militares que dirigiram o País de 1964 a 1985. O crescimento da estrutura produtiva foi orientado para a satisfação das necessidades dos estratos de rendimentos mais altos. Segundo Jaguaribe et al.:

> Com propriedade pode-se qualificar o estilo de crescimento adotado como excludente e concentrador. Excludente, por deixar à margem dos benefícios diretos do desenvolvimento largas parcelas da população, quando muito aproveitando-se dos sobejos do núcleo modernizante e permanecendo em situação de pobreza ou mesmo da mais estrita miséria. Concentrador, por apenas alguns aproveitarem, justamente aqueles que conseguiam se integrar ao setor moderno da economia.[5]

Assim, é possível compreender os números do Quadro 4. Observa-se através dos índices que houve uma política clara que permitiu uma participação maior no consumo para assalariados dos níveis superiores (item 1) na época do crescimento econômico, o que, em outras categorias profissionais, só foi possível através do movimento sindical, a partir dos anos 80 (item 3). Mesmo assim, depois de 1980 há perda do poder aquisitivo dos ordenados mais altos, percebidos por grupos que, habituados a determinado padrão de consumo, recorrem, cada vez mais, ao crédito oferecido pelas instituições financeiras.

---

5. H. Jaguaribe et al., op. cit., p. 54.

Quadro 4 – Índice de salários e ordenados reais, por grupos de categorias profissionais – 1970/1984 (Base – 1980 = 1,0)

Categorias	1970	1975	1980	1981	1982	1983	1984
1. Ordenados Reais de Direção, Gerência e Chefia	0,77	1,0	1,0	0,99	0,98	0,81	0,67
2. Salários Reais de Técnicos e Trabalhadores de Escritório	0,76	0,89	1,0	1,11	1,13	0,98	0,83
3. Salários Reais de Operários Qualificados, Semi-Qualificados e Não Qualificados	0,70	0,84	1,0	1,16	1,15	1,05	0,91
4. Salário Médio Real	0,74	0,88	1,0	1,12	1,11	0,99	0,85
5. Salário Mínimo Real	0,93	1,05	1,0	0,99	1,0	0,87	0,77
Índice Geral de Preços	–	0,11	1,0	2,09	4,10	10,45	33,48

FONTES: Ocio, Domingo Zurron. "Salários e Política Salarial", in *Revista de Economia Política*, v. 6, n. 2, abril-junho de 1986.
DIEESE.
FIBGE. Contas Nacionais.

O papel da ditadura militar foi o de impor o consenso na sociedade, para poder organizar as condições gerais da produção no território nacional, o que significa que, como representante da burguesia financeira, comercial e industrial, ela veio procurar resolver as divergências entre as diferentes frações do capital (manutenção da taxa de lucro), através de um rebaixamento no preço da força de trabalho e de investimentos na produção (empresas estatais foram criadas para estrategicamente sustentar o funcionamento da economia).

O impasse do modelo concentrador e excludente verifica-se na década de 80. O pagamento da dívida externa, contraída para criar e sustentar o desenvolvimento econômico, não permite mais que sejam feitos investimentos novos nas empresas estatais, onde, aliás, o governo tem cortado as despesas para poder cumprir com os débitos externos. Sendo assim, as empresas estatais, que deveriam auxiliar na manutenção da taxa de lucro, estão fazendo aumentar a crise econômica.

O processo inflacionário está ligado ao crescimento econômico, que, quando diminui, provoca uma aceleração da inflação. Ultimamente, o que se tem visto como planos econômicos são medidas de curto prazo para resolver uma situação conjuntural de inflação, que é consequência, e não, planos a longo prazo, contendo soluções estruturais para a economia como um todo. Entre os economistas, a década de 80 tem sido denominada *década perdida*, porque a economia não cresceu. Mas cabe a pergunta: "perdida para quem?", porque é justamente nessa década que se expandem os SC, entre outros setores e áreas de investimento da economia, principalmente aqueles que são frutos da concentração do capital. Eles nitidamente estão ganhando nesta década e não deixaram de fazer investimentos. Quem perdeu mesmo foi a maioria da população, que cada vez menos pôde satisfazer suas necessidades básicas e teve que conviver com a inflação.

É nesta situação socioeconômica, descrita e ilustrada de forma resumida, que surgem e se desenvolvem os SC no Brasil. À primeira vista, uma contradição, quando se sabe que a maior parte da sociedade é constituída de pobres e miseráveis, sem a menor condição de participar com dignidade da riqueza criada. Mas esses "templos" não foram construídos para a grande maioria, e sim para os poucos que se situam em estratos de rendimentos mais elevados. Pensando bem, falar em 20% da população economicamente ativa detendo 64% da renda nacional significava, em 1986, estar falando de mais de 20 milhões de brasileiros, o que não é um mercado desprezível. E, como vimos na Figura 1, o número de implantações de SC não é tão grande, e os de maior dimensão estão situados nos maiores centros urbanos.

Os SC surgem no processo de urbanização da economia e da população. Concentram-se no Sudeste do País, que é mais industrializado e urbanizado, e onde vive a maior parte da população brasileira, que detém, inclusive, maior poder de compra.

Os SC aparecem no momento em que a economia brasileira se desenvolve com a formação de monopólios, e eles representam esta tendência das atividades comerciais varejistas, que antes não concentravam poder econômico, exceto as grandes lojas e as grandes redes de supermercados. Estes empreendimentos criam as condições necessárias e cobram por isso, sendo que tais iniciativas, quando não contam com recursos financeiros, vão buscá-los em bancos públicos, como se pode constatar no Quadro 1 (coluna referente à fonte de financiamento). Apesar de não contarmos com informação para todos os empreendimentos, as 26 informações contidas no quadro indicam que a metade (13) recebeu recursos de bancos públicos, dois de bancos privados e onze construíram com recursos próprios (RP). A Caixa Econômica Federal foi o principal provedor de financiamento.

Assim, as possibilidades para o surgimento e desenvolvimento dos SC no Brasil, a partir de meados da década de 60, estavam colocadas não só pelo setor privado da economia, mas, também, pelo setor público.

O comércio foi, por muito tempo, considerado atividade dependente da indústria. Hoje não podemos afirmar a mesma coisa. Nesse setor da economia, o processo de concentração e de centralização do capital está presente e, cada vez mais, as grandes redes monopolizam a distribuição de mercadorias, ditando preços e dando "ordens" aos produtores. A penetração do capital financeiro no comércio contribui para a instalação de grandes empresas, como redes de lojas e SC.

Toda essa transformação no âmbito do comércio foi possível graças à produção em massa, à concentração crescente de pessoas nas cidades, ao aumento quantitativo e qualitativo do consumo e à generalização do uso do automóvel. A produção da indústria automobilística, que se implantou no Brasil, a partir da década de 50, visava, fundamentalmente, ao abastecimento do mercado interno. Isto não só provocou um sensível incremento do número de famílias com veículos, que, então, deixavam de ser artigo de luxo e de uso restrito, como também ampliou o número de seus usuários entre os membros de uma mesma família. Assim, entre os estratos de rendimentos médios, a presença do segundo veículo tornou-se um fato comum, a partir de meados da década de 60 (por ocasião do "milagre econômico", quando os estratos de rendimentos médios foram chamados a consumir). Quem vai fazer uso do segundo veículo da família é a mulher, que é quem organiza o cotidiano da unidade familiar, e que, com o automóvel, tem a chance de ampliar territorialmente o raio de alcance dos membros da família. Não é sem razão que a partir de meados dos anos 60, os supermercados se expandem espacialmente, por exemplo, na Grande São Paulo. Por outro lado, as mulheres passaram a integrar o mercado de trabalho numa maior proporção, o que implicou mudanças nos hábitos de consumo, como já destacamos. O espaço urbano passa, então, a ser concebido de acordo com as pressões do automóvel,[6] certamente um dos principais responsáveis pela redefinição dos locais de compra.

Paralelamente a todas essas transformações, transforma-se também o consumidor.

Ao processo de massificação corresponde um processo de individualização do consumo, que é possível graças à multiplicidade de objetos criados e que permitem infinitas composições. A informação que um indivíduo recebe através da mídia permite-lhe formar opinião, escolher o que lhe parecer melhor. O fato de usar este ou aquele objeto personaliza o indivíduo – a moda é a magia do parecer. Segundo a propaganda da rede de lojas Muricy, uma pessoa

6. H. Lefèbvre, *A vida cotidiana no mundo moderno*, S.Paulo: Ática, 1991, p. 110.

pode parecer um *intelectual de vanguarda, um selvagem da motocicleta* etc., se vestir este ou aquele modelo apresentado na televisão para a coleção de outono/inverno de 1989. Existe uma personalização na massificação, e o individualismo é, possivelmente, um acelerador do processo de rotação do capital. A Mesbla, presente no Brasil desde 1912, é uma grande loja, que, inclusive, mudou o seu tradicional logotipo, chamando a atenção dos consumidores para a sua modernização. Esta loja, voltou atenções para o vestuário, que não era seu ponto forte até há pouco tempo, mas, como passou a se expandir em SC, onde a indumentária é um setor dos mais importantes, ela se renovou. Através de uma propaganda totalmente nova, a Mesbla, como outras grandes lojas, está contribuindo para a massificação do *chic*, para a generalização do "charme da burguesia", ou seja, para o indivíduo sentir como se fosse, apesar de não ser. Na revista *Exame* (19/04/1989), a articulista Eda Romio escreveu: "uma roupa comum pode até vestir bem o corpo; mas somente a roupa com *griffe* parece ser capaz de, hoje em dia, ao mesmo tempo, vestir o corpo e adular o ego". Isso não ocorre só com o vestuário, mas, com todos os produtos que vão para o mercado.

O consumidor de hoje não é o mesmo de 40 anos atrás. Não é um simples comprador de tudo o que se produz. Ademais, ele, cada vez menos, compra um produto para que lhe dê *status*, mas, para que lhe dê prazer, lhe dê autonomia, o que é alardeado pela propaganda de norte a sul do País, principalmente através da imagem que a televisão coloca diariamente para milhões de brasileiros. Este veículo, que entre outras coisas, é um estímulo ao consumo, está presente no Brasil desde a década de 50 com 2.000 aparelhos, mas é a partir de meados da década de 60 que ele se difunde, chegando em 1980 à cifra de 18.300.000 aparelhos instalados, estando 61,3% dessa cifra na Região Sudeste (Fundação IBGE, 1980, Censo Demográfico).

Um trecho de uma música do grupo Titãs diz: "a gente não quer só comer/ a gente quer prazer para aliviar a dor/ a gente não quer só dinheiro/ a gente quer dinheiro e felicidade". Os SC criam um microambiente de felicidade, onde parece não existirem problemas, o que, aliás, é uma das preocupações da administração do empreendimento e que tem garantido o afluxo de pessoas. No SC os indivíduos que têm capacidade de consumo sentem-se mais "protegidos" para realizar suas compras, além de se sentirem num lugar confortável, o que estimula o consumo. No Brasil, particularmente, esta "ilha da fantasia" começa nas portas dos SC, porque a brutal disparidade na distribuição dos rendimentos afasta deles a imensa maioria da população. Isso não significa que as mercadorias, que ali estão, não sejam desejadas (já que a televisão aí está para estimular o seu consumo e o lugar do seu consumo – o SC). Muitos dos assaltos que se verificam nas portas dos SC são frutos, não da necessidade de vender o produto mais adiante, mas, de usar o produto que é signo de parecer. Eis-nos diante de um dos paradoxos da nossa sociedade. Melhor dizendo, as mercadorias, para ser vendidas, têm que ser expostas, mas a maioria da população não tem condições de comprá-las. O desejo permanece insatisfeito, e a vitrina se torna assim um elemento de subversão da própria sociedade.

As Estratégias de Localização dos *Shopping Centers* no Estado de São Paulo

Os lugares escolhidos para a troca de produtos sempre implicaram situações estratégicas do ponto de vista espacial (geográfico). Os SC não fogem a esta regra, e o êxito deste empreendimento é sempre atribuído à sua localização.

Sem dúvida, a localização é um fator fundamental para qualquer investimento de capital no comércio varejista. Quando se trata da reprodução de um pequeno capital, é óbvio que o fato de estar instalado num lugar para onde os clientes possam afluir, numa rua comercial importante, por exemplo, permite a acumulação e a concentração do capital mais rapidamente do que num lugar onde essas condições não se verifiquem. Porém, no caso do SC, o investimento imobiliário é grande, então o componente localização tem um peso muito maior, aliás, fundamental, porque é estratégica para a reprodução de um capital imobilizado numa construção de grande dimensão e que, se não der certo, fica difícil, para não dizer impossível, destiná-la a outra atividade que permita o retorno do capital de forma ampliada. O pequeno capital investido na construção de uma loja tem maior mobilidade no espaço, enquanto o grande capital não tem a mesma fluidez territorial.

O ponto geográfico é, pois, estratégico, mas não só para a reprodução do capital (financeiro/imobiliário). O capital comercial também tem sua parcela de responsabilidade num segundo momento. O bom desempenho das vendas depende da experiência do comerciante no setor e, como se sabe, num SC convivem lojas de naturezas diferentes. As grandes lojas, ou lojas de departamento, e os supermercados são geradores de tráfego, e há necessidade de estabelecer-se uma estratégia de localização interna ao SC, para que todos os lojistas se beneficiem com os clientes, para com isso não só reproduzir o seu capital, como também, o capital financeiro/imobiliário (através do pagamento do aluguel). O capital financeiro/imobiliário implanta a infraestrutura, mas é o capital comercial que irá remunerar o investimento feito.

E isso tudo depende da capacidade de consumo da população. Dito dessa maneira, parece até que estamos falando de elementos que caminham separadamente. Não é isso. São os consumidores que, em última instância, irão validar o SC já instalado, mas é o conhecimento de sua existência por parte dos empreendedores, que permite a sua construção. No fundo, trata-se de uma localização estratégica em relação ao mercado consumidor. Aliás, é sempre esta a questão fundamental, quando se trata de vendas a varejo. Porém, no caso do SC, o fato de se ter que reproduzir um grande capital implica a existência de um grande mercado consumidor, o que em outras palavras significa dizer que a estratégia é outra, já que envolve a presença de um mercado metropolitano e/ou regional.

O mercado consumidor, por sua vez, não é homogêneo. Principalmente no Brasil, onde não só temos estratos de consumo extremamente diferenciados, como também, uma economia cujas regras são mudadas da noite para o dia, a inflação corroendo o poder de compra da maioria – os assalariados. Certamente que, avaliando esses problemas, os empresários do setor imobiliário e comercial não esperam reproduzir seu capital, vendendo aos estratos de rendimentos inferiores da nossa população (que congregam maior número de pessoas), mas sim aos estratos médios e superiores. Estuda-se, pois, a localização mais propícia no espaço geográfico para atingir o mercado alvo.

No caso do Estado de São Paulo, os SC concentram-se territorialmente no Município de São Paulo. Até dezembro de 1989 tínhamos 9 em atividade, e as perspectivas eram de que entre os anos de 1990 e 1993 entrassem em funcionamento mais 9 SC. Essa concentração territorial não é apenas numérica, mas também, dos maiores empreendimentos no que concerne à área bruta locável (ABL). Se levarmos em conta apenas os 6 maiores SC da capital, a somatória das suas ABL ultrapassa em aproximadamente 100.000 m^2 a somatória de todos os demais SC (16) instalados no Estado. Essa concentração de ABL explica-se em parte pelo contingente populacional residente nos distritos e subdistritos do Município, que é superior à grande maioria dos municípios do Estado. Em 1985, a população estimada do Município de São Paulo chegava a 10.063.110 habitantes, segundo dados da Fundação IBGE. Mas, ainda que o contingente populacional faça parte da explicação, não é a única variável a ser considerada. Lembramos que 12,5% da população brasileira economicamente ativa (PEA), ou ainda, 27% da PEA do SE residiam no Estado de São Paulo, e metade desse percentual situava-se na Grande São Paulo. Por outra parte, é expressivo o percentual de pessoas ocupadas no Estado de São Paulo (principalmente na Grande São Paulo), que se encontravam nos estratos de rendimentos mais elevados, que é o que efetivamente indica uma possibilidade maior de consumo. Levando-se em conta, por exemplo, as classes de rendimentos de 2 a 5 salários mínimos, o SE perfaz 7,16% da PEA, e desse total 4,06% concentravam-se no Estado de São Paulo, residindo mais da metade na Grande São Paulo. No que tange às classes de rendimentos superiores a 5 salários mínimos, o conjunto dos Estados do SE chega a 5,08% do total da PEA do Brasil, dos quais mais da metade, 2,65%, concentrada no Estado de São Paulo, e, desse total, também mais da metade, 1,64%, concentrada na Grande São Paulo (ver Quadro 5). Não cabe dúvida que a forte concentração de população e de rendimentos neste Estado e, sobretudo na Grande São Paulo, são fatores indispensáveis para garantir a multiplicação dos SC, que foram e continuam sendo criados, para atender os estratos de rendimentos mais elevados da população.

Quadro 5 – Porcentagem de pessoas ocupadas no Estado de São Paulo, segundo as classes de rendimentos – 1985

Classes de Rendimentos	SE(*) Brasil	Estado de São Paulo Brasil	Estado de São Paulo	Grande São Paulo Brasil	Grande São Paulo
até 1/2 sal. mín.	3,60	0,67	5,37	0,84	13,05
de 1/2 a 1 sal. mín.	5,22	1,65	13,13		
de 1 a 2 sal. mín.	6,99	3,10	24,71	1,57	24,24
de 2 a 3 sal. mín.	3,62	4,06	32,27	2,31	35,52
de 3 a 5 sal. mín.	3,02				
de 5 a 10 sal. mín.	3,14	1,71	13,64		
de 10 a 20 sal. mín.	1,32	0,94	7,52	1,64	25,25
de 20 sal. mín.	0,62				
sem rendimentos	17,51	0,35	2,85	0,07	1,22
sem declaração	0,15	0,05	0,47	0,04	0,69
Total	46,20 (**)	12,58	100,00	6,51	100,00

FONTE: *Pesquisa Nacional por Amostra de Domicílios* – FIBGE – 1985 e *Anuário Estatístico do Estado de São Paulo* – SEADE – 1987.
(*) – pessoas com mais de 10 anos.
(**) – total do Brasil = 99.211.209 pessoas com mais de 10 anos (1985).

A localização dos SC em outros municípios da Grande São Paulo e no restante do Estado também está sujeita à presença de população concentrada e de rendimentos elevados. No total eram 16 os empreendimentos em funcionamento em dezembro de 1989, havendo ainda outros 4 em obras (Presidente Prudente, Sorocaba, Americana e Campinas). Entre aqueles em funcionamento, com exceção dos SC de Campinas e de São José dos Campos, cujas ABL são respectivamente de 44.000m^2 e 30.684m^2, todos os demais giravam em torno dos 20.000m^2, 15.000m^2 ou 10.000m^2 de ABL; em outras palavras, são de menor porte. É preciso destacar que a maioria deles (11 em atividade e 2 em construção) não estão a mais de 180 km da capital e estão próximos, ou até mesmo, juntos a eixos rodoviários importantes. Além disso, exceto os SC de Ribeirão Preto e de Campinas, que são do início da década de 80, todos os demais foram inaugurados de 1985 em diante, o que demonstra que o fenômeno é recente na maior parte do interior do Estado.

A existência de um certo contingente populacional e um certo nível de rendimento para que se encontre um SC instalado, ou por se instalar, parece uma explicação razoável do ponto de vista da estratégia da localização e, por que não dizer, até mesmo racional. Mas essa "racionalidade" ficaria mais fácil de ser compreendida, se a iniciativa do empreendimento fosse pública. Como no Brasil não é, entra em jogo um outro fator – a oportunidade de fazer o negócio aliada à disponibilidade de capital e de local. As entrevistas realizadas junto à Direção dos SC nos revelaram esta determinação, não só no Estado de São Paulo, como em outros Estados brasileiros, e mesmo no exterior (fundamentalmente Portugal). A expressão "já tínhamos o terreno" foi um lugar-comum nas respostas obtidas para a pergunta: "por que escolheram este local?" Na verdade, *os SC independem da existência de uma tradição comercial na área em que se instalam porque criam o ambiente por inteiro.* As "ruas comerciais" com suas diferentes lojas, serviços, praças etc., e até mesmo as reformas, que ocorrem vez por outra nas lojas ou para ampliar a ABL, dão um aspecto dinâmico ao empreendimento, ou seja, criam e recriam o novo.

Por outro lado, a instalação dos SC promove impactos nas cidades, não só no aspecto territorial, como também, no social, através do consumo. Acrescente-se a isso a inexistência de leis que amparem os pequenos comerciantes no Brasil e que, portanto, estão à mercê de enfrentar, de uma hora para outra, não apenas capitais de grandezas diferentes, mas concorrentes com grande poder de atração sobre o mercado consumidor. Ao contrário, a instalação do pequeno comércio era mais facilmente absorvida na cidade, dada sua forma gradual de instalação.

Vejamos alguns exemplos de SC no Estado de São Paulo que confirmam as colocações feitas acima.

O Shopping Center Iguatemi, inaugurado em 27 de novembro de 1966, foi o primeiro a instalar-se na Cidade de São Paulo e no Brasil. Naquele momento, ele significava muito mais uma novidade do que uma solução para o equipamento comercial da cidade.

Por outro lado, nasceu em "berço de ouro", porque foi construído na área de maior poder aquisitivo, não só de São Paulo, mas do Brasil. O terreno de 4 hectares era o único disponível na área, e os empreendedores (Construtora Alfredo Mathias) fizeram estudos para avaliar os consumidores potenciais, residentes a determinadas distâncias do terreno. Mas não fizeram estudos para escolher a melhor localização para o SC.[7] Não cabe dúvida de que a possibilidade de implantar-se naquele local foi decisiva para que o empreendimento desse bons resultados. A clientela por ele atendida, então, já possuía automóvel e nível de rendimento elevado. A pesquisa de Lima Filho também mostrou que, nos primeiros anos de existência do Iguatemi, 53,4% dos seus consumidores moravam até a 1 km de distância, e 28,1% residiam num raio de 2 a 4 km.[8]

Inicialmente com 75 lojas, a estratégia adotada pelo Iguatemi foi a de atrair lojistas e consumidores da Rua Augusta. Convém lembrar alguns aspectos dessa rua, que nasce na área central da cidade, cruza a Avenida Paulista e termina na Rua Estados Unidos (Subdistrito Cerqueira César). No início dos anos 60, o florescimento do comércio das butiques instaladas na Rua Augusta, principalmente no trecho entre a Avenida Paulista e a Rua Estados Unidos, deu ensejo ao aparecimento de *griffes*, que então surgiram para atender os estratos de rendimentos médios e altos da população paulistana, que se tornavam mais exigentes em relação aos produtos que consumiam, dada à informação e mesmo ao acesso que tinham a produtos importados, já que as comunicações, em todos os sentidos, estavam aperfeiçoando-se e permitiam, por exemplo, que o deslocamento ao Exterior, fundamentalmente Europa e Estados Unidos, não fosse mais privilégio de alguns poucos, mas se generalizasse para os estratos de rendimentos médios. A capacidade de consumo desses estratos da população se viu aumentada entre meados da década de 60 até meados da década de 70 (fase do conhecido "milagre econômico"), quando a necessidade de ampliação do mercado interno, para a realização das

7. A. de O. Lima Filho, *Shopping Centers – EUA x BRASIL*: uma análise mercadológica comparativa, Rio de Janeiro: Fundação Getúlio Vargas, 1971.

8. Id., Ibid.

mercadorias produzidas pela indústria nacional (tais como o automóvel), fez com que se transferissem os rendimentos dos estratos econômicos inferiores para a chamada "classe média", além da ampliação do crédito.

A Rua Augusta na década de 60 passou, através de suas lojas, a ditar os cânones da moda. Não é nosso propósito entrar em considerações detalhadas sobre moda, principalmente aquela ligada ao vestuário, mas é preciso não esquecer que 65% das lojas de um SC sempre estão dedicadas a esse ramo do comércio, e metade delas está consagrada ao vestuário feminino. Sendo assim, sentimos a necessidade de levantar alguns aspectos.

Até fins da década de 50, a moda era "ditada" pela chamada alta-costura. Poucos tinham acesso a ela, e a grande maioria dos que tinham recursos tentavam imitá-la, copiando os modelos, através de revistas especializadas e com o auxílio das costureiras, já que a roupa industrializada era de baixa qualidade. Existia naquele momento um mercado pronto para consumir moda, e o passo seguinte foi a aliança da indústria de confecções à moda (estilistas), fazendo surgir o *prêt-à-porter*. É da união do vestuário industrial com a criação estética que a moda se democratiza. Segundo Lipovetsky, "a era do *prêt-à-porter* coincide com a emergência de uma sociedade cada vez mais voltada para o presente, euforizada pelo Novo e pelo consumo".[9] Quem poderia imaginar nos anos 40, ou mesmo 50, que na década de 70 a *griffe* Cardin estaria ao alcance de muitos? Por outro lado, o mesmo autor lembra que:

> Com o advento do *prêt-à-porter* e de suas primeiras publicidades, desencadeia-se uma mutação, não apenas estética, mas também simbólica. A série industrial sai do anonimato, personaliza-se, ganhando uma imagem de marca, um nome que doravante se vê exibido um pouco em toda parte nos painéis publicitários, nas revistas de moda, nas vitrinas dos centros comerciais, nas próprias roupas. É tempo da promoção e da inflação democrática das marcas.[10]

Por outro lado, os valores individualistas que estiveram na raiz da alta-costura estão também na raiz de sua democratização. Ainda segundo Lipovetsky:

> No momento em que se eclipsa o imperativo do vestuário dispendioso, todas as formas, todos os estilos, todos os materiais ganham uma legitimidade de moda: o descuidado, o tosco, o rasgado, até descosturado, o desmazelado, o gasto, o desfiado, o esgarçado, até então rigorosamente excluídos, veem-se incorporados no campo da

9. G. Lipovetsky, *O império do efêmero*: a moda e seu destino nas sociedades modernas, São Paulo: Companhia das Letras, 1989, p. 115.
10. Id., Ibid., p. 116.

moda. Reciclando os signos "inferiores", a moda prossegue sua dinâmica democrática, como o fizeram, depois da metade do século XIX, a arte moderna e as vanguardas.[11]

A Rua Augusta foi o nascedouro desse processo que teve sua continuidade nos SC. Ela foi a base das lojas do primeiro SC e hoje, apesar de ainda abrigar lojas de *griffes* famosas, não só nela, como nas ruas transversais e nas paralelas, seu brilho já não é o mesmo dos anos 60 porque a circulação e o estacionamento difíceis e a falta de segurança são fatores que afastam parte da clientela que, nesses aspectos, se sente mais bem atendida em um SC.

Nascido então para atrair consumidores de alta renda e no prolongamento da Rua Augusta, o Shopping Center Iguatemi procurou sempre manter esta imagem "elitista" e não se "popularizou". Suas lojas-âncora, que, a princípio foram importantes no afluxo de clientes, atualmente já não o são, apesar de elas terem procurado adequar-se à "sofisticação" do lugar, como foi o caso da antiga Sears, depois Dillard's. Tanto esse SC está dirigido a consumidores de estratos de rendimentos elevados que, na época de recessão econômica no final dos anos 70 e início dos anos 80, sua *performance* no tocante ao faturamento não foi abalada, segundo a empresa administradora. Mas o consumo nesse SC espelha uma pequena parte da realidade brasileira porque é, como vimos, frequentado pelos estratos médio-altos.

Com a implantação do Shopping Center Iguatemi, iniciou-se uma nova etapa de valorização do espaço na sua vizinhança. Quem teve a oportunidade de conhecer a Avenida Brigadeiro Faria Lima, onde esse SC se situa, na década de 60, quando ainda se chamava Rua Iguatemi, e a vê hoje, sabe bem a diferença. A antiga rua possuía uma ou outra firma comercial ou de serviço (para atender a vizinhança), e os demais terrenos eram destinados a residências. Hoje isso está totalmente mudado, e essa transformação ocorreu após a implantação do SC. Além de terem sido feitas desapropriações, para que a circulação de automóveis fosse melhorada, as antigas moradias foram sendo paulatinamente substituídas por bancos, edifícios de escritórios (alguns de residências) e lojas comerciais e de serviços. Restam poucas construções antigas no trecho que se estende da Avenida Cidade Jardim à Avenida Rebouças. Sem dúvida alguma, ocorreu uma nova valorização desse espaço, com a participação do poder público melhorando a infraestrutura. As ruas que têm acesso à Avenida Brigadeiro Faria Lima e que até 1986, aproximadamente, não haviam sido praticamente tocadas (exceto a Rua Gabriel Monteiro da Silva, que já

11. Id.,Ibid., p. 121.

possuía lojas comerciais e de serviços), na atualidade são alvo de remodelações, de uma nova onda de especulação imobiliária. Isso tudo porque os terrenos próximos à Avenida valorizaram-se.

Não podemos dizer que só a presença do Shopping Center Iguatemi propiciou toda a mudança nas cercanias, mesmo porque a cidade não deixou de crescer – mas certamente o SC contribuiu em grande medida, para que ocorresse dessa forma nesse lugar.

Em setembro de 1981, já em meio à recessão econômica, o Grupo J. Alves Veríssimo inaugurou o Shopping Center Eldorado, situado muito próximo ao Iguatemi. Com uma feição arquitetônica mais atualizada e mais arrojada para a época, ele também causava impacto pelo brilho dos materiais de revestimento utilizados internamente. Presenciar todo aquele esplendor, constatar o grande número de joalherias instaladas, efetivamente causava espécie naquele momento de crise econômica; mas isso ocorria entre os estratos de rendimentos médios, porque, como o Iguatemi, aquele SC estava direcionado para a mesma clientela que, com crise ou sem ela, continuava consumindo, ou seja, os bairros vizinhos, como o Morumbi, cujas residências são do mais alto padrão.

No plano da concorrência, a implantação do Eldorado não afetou a clientela do Iguatemi, que continuou reinando serenamente; mas claro que se preocupou, pois também se atualizou, promovendo reformas. No que concerne ao impacto nas áreas vizinhas, o SC Eldorado entrou como um elemento a mais na valorização do espaço junto à Avenida Brigadeiro Faria Lima e adjacências, já que o citado processo naquele local estava em pleno curso e consolidando-se. A alteração viária, que o Eldorado provocou, deu ensejo ao aparecimento de butiques de luxo muito próximas a ele. Contudo, o Hipermercado Eldorado exerce, no conjunto, um papel diferente: o fato de vender a preços muito competitivos atrai consumidores com poder aquisitivo baixo, oriundos de setores pobres de bairros próximos, bem como consumidores do subcentro comercial de Pinheiros, que acabou crescendo na direção do Shopping Center Eldorado até ligar-se a ele por uma passarela instalada sobre a Avenida Euzébio Matoso. Esse é um processo diferente do Iguatemi, onde o supermercado Pão-de-Açúcar não teve semelhante papel.

Poderíamos seguir com exemplos, mostrando a dinâmica que os SC imprimem ao espaço que os circunda, a partir do momento em que se implantam; mas não é preciso. O que, sim, é preciso destacar, é a estratégia de localização do conjunto dos SC do Município de São Paulo, orientada para as marginais dos rios Tietê e Pinheiros. Construídas a partir da década de 60, essas vias expressas de circulação "aproximaram" setores da cidade até então distantes, além de permitirem um acesso fácil a rodovias que conduzem ao Norte e ao Sul do País, como também ao interior do Estado de São Paulo (ver Figura 2). Por outro lado, suas margens passaram a ser ocupadas não só por indústrias, empresas de comércio atacadista e de serviços, que demandavam grandes áreas para sua implantação, como também atraíram, pela facilidade de acesso, o comércio varejista (grandes empresas de supermercados e hipermercados – Carrefour, Paes Mendonça e Sendas), centros empresariais e de serviços e áreas de lazer (exceção feita a alguns clubes que já se encontravam às suas margens). Quanto aos SC, especificamente, apenas três deles estão junto às marginais – Eldorado, Center Norte e Lar Center –, porém a disposição da grande maioria no espaço da cidade acompanha a linha das marginais. Isso significa dizer que há grande facilidade de acesso aos SC, a partir de diferentes pontos da cidade, através dos 47 km que totalizam as duas marginais, e lhes dá um caráter de centros de aglutinação regionais.

Vejamos outros exemplos no interior do Estado. Antes, porém, parece-nos necessário abrir parênteses para dizer algo sobre esse espaço. Ele não é homogêneo, e tem um significado importante nas economias paulista e brasileira; ultimamente, é tratado em seu conjunto como o "2º mercado consumidor do Brasil". Os últimos 20 anos significaram muita transformação para o interior paulista, que hoje já não desfruta daquela "vida pacata" que alguns ainda pensam existir. Certamente, os paulistas contam, em princípio, com um maior tempo disponível para descanso e lazer que os paulistanos, já que as cidades são menores e permitem locomoção mais favorável entre casa e trabalho, o que não quer dizer que o ritmo de trabalho seja menor.

A Região Metropolitana de São Paulo detinha, em 1959, 73,8% do valor de transformação industrial do Estado, cifra que chegou a 74,4% em 1970. Os chamados "custos de aglomeração", aliados a problemas de ordem ambiental e deterioração das condições de vida, provocados pela concentração da indústria, levaram o Governo do Estado a preocupar-se em implementar políticas de descentralização industrial.[12]

Até a década de 70, a industrialização que se verificava no interior do Estado tinha um caráter de complementaridade à da metrópole, expandindo, principalmente, setores como o das indústrias alimentícias e têxteis, ou seja, de bens não duráveis. Barjas Negri resume com clareza o que sucedeu no interior paulista:

12. B. Negri, As políticas de descentralização industrial e o processo de interiorização em São Paulo: 1970/1985, in J.C. Tartaglia, O.L. Oliveira, (orgs.), *Modernização e Desenvolvimento no interior de São Paulo*, São Paulo: Ed. Unesp.

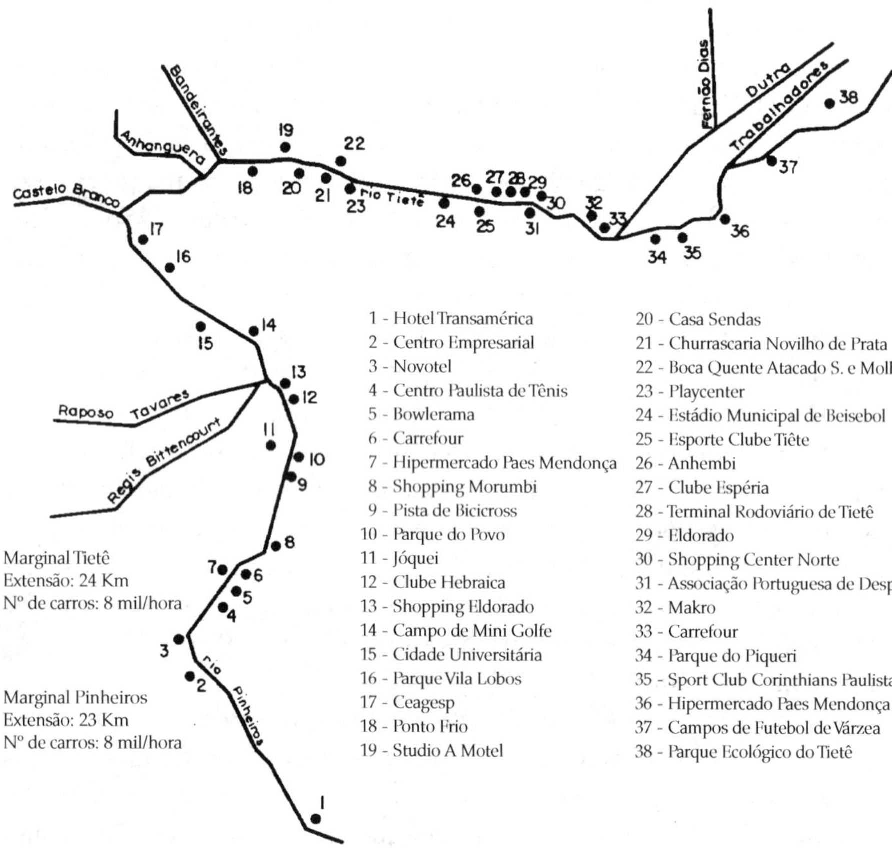

Marginal Tietê
Extensão: 24 Km
N° de carros: 8 mil/hora

Marginal Pinheiros
Extensão: 23 Km
N° de carros: 8 mil/hora

1 - Hotel Transamérica
2 - Centro Empresarial
3 - Novotel
4 - Centro Paulista de Tênis
5 - Bowlerama
6 - Carrefour
7 - Hipermercado Paes Mendonça
8 - Shopping Morumbi
9 - Pista de Bicicross
10 - Parque do Povo
11 - Jóquei
12 - Clube Hebraica
13 - Shopping Eldorado
14 - Campo de Mini Golfe
15 - Cidade Universitária
16 - Parque Vila Lobos
17 - Ceagesp
18 - Ponto Frio
19 - Studio A Motel
20 - Casa Sendas
21 - Churrascaria Novilho de Prata
22 - Boca Quente Atacado S. e Molhados
23 - Playcenter
24 - Estádio Municipal de Beisebol
25 - Esporte Clube Tiête
26 - Anhembi
27 - Clube Espéria
28 - Terminal Rodoviário de Tietê
29 - Eldorado
30 - Shopping Center Norte
31 - Associação Portuguesa de Desportos
32 - Makro
33 - Carrefour
34 - Parque do Piqueri
35 - Sport Club Corinthians Paulista
36 - Hipermercado Paes Mendonça
37 - Campos de Futebol de Várzea
38 - Parque Ecológico do Tietê

FIGURA 2 – "As atrações das Marginais"
Fonte: *Folha de S. Paulo* (20/11/88) p. C5

Com a implantação da indústria pesada aquele grau de complementaridade foi aprofundado: o desenvolvimento da agricultura exigiu modernização em segmentos agroindustriais e do setor de bens de produção necessários àquela expansão.

A extraordinária expansão industrial dos anos 70 modifica a estrutura industrial do interior, que passou a contar também com a presença marcante da instalação de um grande número de indústrias de porte médio e grande, pertencentes ao segmento de maior complexidade industrial, como o metal-mecânico, petroquímico e eletrônica.

A presença do Estado nessa "descentralização" foi marcante. De um lado pelos efeitos de estímulo e de encadeamento técnico gerados pela instalação de duas grandes refinarias de petróleo, pela Petrobrás, em Paulínia e em São José dos Campos; acrescenta-se ainda a consolidação do principal polo petroquímico do país, em Cubatão, com presença da Petrobrás e também pela expansão da COSIPA no setor siderúrgico. Essa presença foi também crescente em decorrência da política econômica do Governo Federal, instituindo o "Proálcool" em meados dos anos 70, gerando grandes efeitos de encadeamento com a indústria de bens de capital, que se consolidou próxima da maior concentração alcooleira de São Paulo – regiões de Ribeirão Preto e Campinas.

Ainda lembramos a implantação dos ramos de informática, microeletrônica e de telecomunicações na região de Campinas, basicamente por estatais federais e institutos de pesquisa e, também, pela influência da pesquisa na UNICAMP. Por último, formou no Vale do Paraíba complexo aeronáutico, para fins civis e militares e industriais de material bélico.

As políticas espaciais adotadas pelo governo estadual também exercem influência no processo de descentralização, notadamente, pelos investimentos em grandes e modernas rodovias – Castelo Branco, Bandeirantes e Imigrantes – recuperação e ampliação (terceiras faixas) em outras de importância semelhante a Anhanguera e Washington Luiz –, da recuperação da malha viária estadual e da notável rede de estradas vicinais recentemente implantadas. Essa política aproximou as distâncias entre a metrópole e o interior, diminuindo os custos de transportes e alargando o horizonte da localização industrial.

Outros três elementos tiveram influência nesse processo. O primeiro relativo à modernização e expansão da agricultura paulista, gerando fortes impactos sobre a agroindústria e sobre as indústrias fornecedoras de insumos e bens de capital para esses setores, contribuindo, parcialmente, para reorientação de sua localização. O segundo, relativo aos aumentos nos custos de aglomeração e de desperdício de tempo na área metropolitana, que, acrescido ao fortalecimento de organização sindical industrial, justamente nos ramos industriais mais dinâmicos dessa região, levaram empresas a transferirem-se para o interior. O terceiro refere-se às restrições de ordem ambiental, que de fato influenciaram ou obrigaram certas empresas a transferir ou localizar suas plantas em regiões do interior.[13]

Todos esses fatores, acrescidos de políticas municipais de incentivo à implantação de indústrias e à construção de distritos industriais, fizeram com que em 1985 a participação do valor adicionado da indústria de transformação

13. Id., Ibid., p. 30-32.

se distribuísse melhor entre a região metropolitana e o interior, respectivamente, 52,8% e 47,2%. O que ocorreu, em grande medida, não foi a transferência (descentralização) de indústrias para o interior, mas sim que novas indústrias procuraram o interior para se instalar.

Apesar de não terem, na maioria dos casos, a dimensão dos SC da capital, esses empreendimentos estão presentes, numa clara demonstração de que, a partir de meados da década de 80, o mercado do interior do Estado de São Paulo já estava apto, no que diz respeito ao número de habitantes e de poder aquisitivo, a recebê-los e a fazê-los multiplicar. Por outro lado, já havia sido despertado no público o desejo de consumir *griffes* da moda em SC, e não eram poucos os deslocamentos de paulistas residentes a até 3 horas de distância da capital.

Cabe salientar que os municípios do Estado de São Paulo, onde estão se implantando os SC, têm mais de 150.000 habitantes. Bebedouro e Guaratinguetá são exceções, porém, como já destacamos, esses empreendimentos não visam apenas ao mercado local mas, também, ao regional.

No que diz respeito à estratégia de localização, os SC do interior do Estado estão implantados de três maneiras, a saber: junto às rodovias (próximos ao anel viário de acesso a uma cidade), na malha urbana da cidade (com fácil acesso a rodovias) ou ainda numa situação intermediária (com fácil acesso tanto à rodovia quanto à cidade). Como exemplos desses três tipos temos o SC de Limeira, o SC de Piracicaba e o SC de Bebedouro, respectivamente. Lembramos que, também nesses casos, o grupo empreendedor já dispunha do terreno. Vejamos um exemplo.

No caso de Limeira, o grupo Ragazzo Empreendimentos e Participações S.A. (agropecuária, loteamentos e construções e 5º produtor de laranja), que é proprietário do SC, o construiu em terras próprias. Trata-se do Parque Egisto Ragazzo, um loteamento junto à Anhanguera, aprovado pela Prefeitura de Limeira desde 1972, com lotes para fins residenciais e lotes com área superior a 1.000 m^2 destinados a fins industriais e comerciais. Em 1987 foram realizadas pesquisas para saber o potencial da região, com vistas à construção de um SC no local. Comprovada a viabilidade do projeto, deu-se início à construção. Imediatamente desapareceram das ofertas imobiliárias os lotes para a construção de residências no citado loteamento; melhor dizendo, os lotes urbanizados, que não haviam sido vendidos pelo Grupo Ragazzo, ficaram retidos à espera da valorização, que certamente viria com a implantação do SC. Inaugurado em fins de setembro de 1989, ele já é espaço consagrado na região. Resta, contudo, a resolução do problema de acesso a esse SC, que ainda é difícil no sentido São Paulo-interior.

Em suma, o SC pode se situar dentro ou fora da malha urbana mais densa, porque os consumidores mais próximos chegam de qualquer maneira, já que sua intenção é ir ao local. Porém os SC situados junto às estradas contam também com os consumidores eventuais de passagem pelo local. Da mesma forma que na cidade e na Grande São Paulo, eles provocam a valorização imediata dos terrenos próximos, sejam destinados a residências ou a outros fins, modificando, inclusive, o tipo de ocupação. A tendência que se observa para o interior de São Paulo é de crescimento do número de SC nos próximos anos. Segundo a *Folha de S. Paulo*, em outubro de 1989 existiam 40 projetos em andamento no interior, mas sempre com dimensões que não ultrapassavam os 25.000 m^2, para servir a pequenas regiões.

À Maneira de Conclusão

Parece estranho o crescimento do número de SC no Brasil e particularmente em São Paulo, num momento de pouco crescimento da economia. Mas, na realidade o que está ocorrendo é a concentração territorial do comércio, anteriormente disseminado pelo espaço urbano nas ruas do centro ou nos subcentros comerciais. Porém não podemos esquecer que essa concentração territorial implica antes uma concentração do capital, que em momentos de crise precisa investir no ramo mais favorável do ponto de vista de seu retorno ampliado. Para se ter uma ideia, o investimento feito numa indústria demora em média 10 anos para que haja retorno do capital, enquanto num SC leva a metade do tempo. Não é à toa que grandes capitais se têm voltado para esse setor que não tem origem específica em um dos setores econômicos. Apesar de o primeiro SC ter tido sua origem no setor da construção e que os empresários do setor ainda continuem a investir em SC (construtoras Romeu Chap Chap, Camargo Correa, por exemplo), ela não é exclusiva.

A perspectiva é de que se continue a construção de SC, pelo menos na próxima década. Como salientamos em relação ao Interior do Estado de São Paulo, eles deverão ter áreas menores, mas isso talvez não constitua regra geral para os maiores centros urbanos brasileiros, que ainda comportam alguns de grandes dimensões. Nos Estados Unidos da América, mais de 60% dos SC existentes são de pequenas dimensões (em torno de 10.000 m^2). Contudo, ao contrário do que ocorre lá, onde tais empreendimentos se situam longe da cidade, aqui, eles ficam na cidade ou junto a ela, o que não deixa muita margem à preservação do comércio de rua. Essa questão está ligada à falta de leis, regras, limites para os investimentos no setor do comércio varejista no Brasil, o que também auxilia a proliferação dessa forma de comércio e de sua tendência de crescimento. Se o Carrefour (capital de origem francesa) se encontra hoje no Brasil (é, aliás, hoje, o primeiro faturamento no setor de supermercados), isso tem a ver com a *Loy Royer* que, na França, impede a construção de estabelecimentos do porte que o empreendedor quiser e no lugar que ele bem entender.

Por outro lado, a construção de SC de menor porte, obedecendo ao padrão brasileiro de localização, ou seja, junto à cidade ou em seus bairros, promoverá um deslocamento dos consumidores que anteriormente faziam suas compras em ruas comerciais do centro ou dos bairros. O SC, operando como "centro de bairro", tem maiores chances de atrair o consumidor, na medida em que ele é planejado (aí não existe o acaso), porque se busca a otimização do capital investido, as lojas são selecionadas, o seu visual é adequado para aquela faixa de consumidores que se quer atingir. Isto traz como decorrência a transformação do antigo centro ou subcentro comercial, que se "deteriora" para a camada de consumidores que passa a frequentar o SC.

Nas áreas vizinhas, ele promove a valorização do espaço, e, nesse sentido, lucram os proprietários dos terrenos próximos, como já lembramos.

Em suma, o SC é um negócio lucrativo para os empreendedores, para os lojistas (de grandes e pequenos capitais) que dele participam e para os proprietários das terras próximas.

Para os estratos de renda que mantêm essa lucratividade, o SC tornou-se, além de lugar de compras, um local de lazer (substituindo às vezes até o clube). " – Amanhã (domingo) vou para São Paulo, ao *Playcenter*. Mas se chover vou ao *shopping center*" (frase dita por uma rio-clarense). Frequentar SC é moda que se transforma em hábito.

O SC é uma das formas através das quais se vê expressa a produção monopolista do espaço. Isso significa dizer que ele não é fruto do prolongamento, da expansão comercial de um lugar, mas antes fruto de uma ruptura com o virtual destino de um lugar. Os SC não são implantados em locais tradicionalmente comerciais, a não ser eventualmente, quando as condições o permitem, e essa localização não é condição necessária. Isso nos coloca, também, diante do problema da centralidade.

A partir da disseminação do uso do automóvel, o centro da cidade é colocado em questão. Antes de mais nada, ele se pulveriza, o que na metrópole paulista se nota com maior clareza desde a década de 60. Reorganiza-se, desde então, o espaço dessa cidade, surgindo centros especializados – de compras, de decisão, financeiros. A proximidade entre diferentes funções do setor terciário, no centro da cidade, deixa de ser necessária (ao menos para uma parte da população urbana), já que é o automóvel quem as aproxima e não mais a calçada.

A partir dessa pulverização e especialização dos espaços da cidade unidos pelo automóvel, os habitantes da metrópole, por exemplo, passaram a "selecionar" o espaço em função dos "seus" hábitos e desejos. Ora, é sabido que o comércio sempre foi um elemento de integração de relações sociais, que se estabelecem no cotidiano. O fato de apresentar-se concentrado no centro da cidade, mesclado a outras funções terciárias e à moradia, atraía para lá pessoas de todos os estratos sociais que, mesmo sem se falarem, tocavam-se, ainda que com o olhar. Quanto esse contacto é rompido, as relações sociais tornam-se mais frágeis. A isso deve-se acrescentar que o centro da cidade constitui-se num espaço carregado de memória da coletividade, o que une as pessoas, já que se constitui em referencial simbólico. Aliás, esse é o elemento de distinção do centro da cidade frente aos novos centros.

Sob esse prisma, o *shopping center* significa, como o próprio nome já indica, um centro de compras (e de alguns serviços, se quisermos acrescentar), ou seja, um dos novos centros integrantes do espaço da metrópole e/ou da região. Criado para atender estratos socioeconômicos específicos de nossa sociedade, o SC caracteriza-se por ser um local que atrai pessoas que se identificam de alguma maneira e, portanto, são espaços que segregam, principalmente em países como o nosso, contribuindo para fragilizar as relações sociais.

2 Gerenciamento dos Shopping Centers e Transformação do Espaço Urbano

Antonio Carlos Gaeta*

A década de 50 e, especialmente, o período que se inicia na década de 60, marcam transformações importantes da indústria no Brasil. Elas permitiram que se atingisse verdadeiramente uma dinâmica propriamente capitalista de acumulação. Só então a "racionalidade" burguesa teve condições plenas de estabelecer-se. Isso exigiu uma transformação da demanda, fazendo com que os investimentos passassem a determinar a dinâmica da acumulação, inclusive a dinâmica do mercado consumidor. Nesse quadro desenvolvem-se não só produtos novos, novas tecnologias, como também realidades urbanas novas, que têm origem associada ao desenvolvimento do gerenciamento científico na produção.

Transformação da Demanda

É no período significativamente indicado pós-64 que se consolidaram a monopolização da economia, a constituição de grandes grupos econômicos, a concentração do capital industrial, do capital bancário e a reestruturação do mercado consumidor interno em função de seus interesses.

* Geógrafo. Depto. de Planejamento Regional do Instituto de Geociências e Ciências Exatas da Universidade Estadual Paulista (UNESP) – Campus de Rio Claro – São Paulo.

Tais transformações ocorreram dentro de uma alteração significativa do Estado, a chamada militarização do regime político. O período de ditadura permitiu o estabelecimento de políticas que contribuíram para alterações fundamentais no capitalismo em prol da monopolização.

Uma das orientações destacáveis pela sua eficiência diz respeito à política de planejamento econômico, implementada pelos governos militares. Ela dava prioridade a um setor I, da indústria de construção civil, e a um setor II, do capital financeiro ("análise de um modelo de desenvolvimento industrial a dois setores",[1] desenvolvida por Antonio Delfim Netto).

Nesse processo de modernização capitalista foram propostas modificações estruturais que tomaram como base a criação e garantia de um excedente econômico. Houve restrições ao consumo para favorecer seu emprego como poupança concentrada em instituições financeiras, tornando-se capital acumulado e disponível para setores determinados. Acentuou-se a importância de investimentos no setor industrial, de modo a garantir "um crescimento acelerado do setor da indústria de bens de produção"[2] e superação de um estágio industrial produtor de bens de consumo duráveis.

Esta lógica, levada ao extremo, significou (embora isso seja independente dela e dependente das relações de classe historicamente dadas) arrocho salarial, estímulo à poupança, concentração bancária, entre outras decorrências.

A concentração bancária então alcançou níveis jamais vistos no país e teve pleno sucesso.

Esta "modernização",[3] segundo Almeida, foi forçada pelo governo, tendo em vista gerar recursos para o setor privado, bem como repasses externos através dessas instituições de porte maior. A fase principal de favorecimentos e incentivos desse processo de concentração se deu no início da década de 70, através de políticas favoráveis a fusões, incorporações e formação de conglomerados. Isso tinha em vista não só a obtenção de economias de escala, mas, principalmente, o afluxo de recursos provenientes do mercado financeiro internacional.

Essa concentração bancária foi um elemento básico no processo de "modernização" do capitalismo (permitindo inclusive a formação de conglomerados financeiro-industriais) que o Estado incorporou. No entanto, isso teve uma complexidade maior que a simples aglutinação de recursos. A concentra-

1. Antonio Delfim Netto, *Planejamento para o desenvolvimento econômico*, São Paulo: Pioneira, Edusp, 1966.
2. Id., Ibid., p. 53.
3. Sérgio Roberto Porto de Almeida, *A concentração bancária de capital nos bancos comerciais brasileiros: 1964-1981*, São Paulo, 1983, Dissertação (Mestrado), Pontifícia Universidade Católica.

ção de capital teve como objetivo a transformação da estrutura produtiva brasileira e, portanto, também do mercado consumidor, de maneira a adequá-la e oferecê-la à dinâmica mundial mais avançada. A isso se chegou através da opção por investimentos no setor de bens de produção capaz de gerar demanda. No "varejo", a opção se deu pelo estímulo à indústria de construção civil, capaz também de empregar quantidade significativa de mão de obra.

A proeminência que ganhou então a indústria de construção criou condições especiais para sua expansão e concentração, dando origem a alguns grandes grupos nesse setor.

Assim é que o núcleo básico desenvolvido pelo planejamento econômico, a aliança estreita entre o Estado, o grande capital bancário e o grande capital industrial, numa estruturação em função do capital financeiro internacional, foi capaz de criar e fortalecer poderosos grupos econômicos, cuja repercussão se fez sentir em todas as esferas da realidade econômico-social, num curto período.

Essas importantes transformações capitalistas significaram uma alteração qualitativa de grande repercussão sobre o processo de acumulação e sobre a demanda.

Antes, em fases preliminares da industrialização brasileira, não havia, segundo Mantega, uma *dinâmica propriamente capitalista de acumulação*, pois a *demanda* de bens de consumo popular caminhava na frente da produção, determinando o rumo dos investimentos.[4]

No entanto, transformações posteriores deram uma outra característica, um outro patamar a essa acumulação:

a) a década de 50 possibilitou a implantação de um setor de bens de consumo duráveis (e a retração da importância econômica dos setores agroexportadores);

b) a década de 60 aumentou o "peso da demanda capitalista e da demanda de bens de consumo duráveis, em detrimento dos bens de consumo popular e dos bens importados pelas classes dominantes agroexportadoras".[5] A concentração de renda, que se identifica mais particularmente a partir desse período, estimulou a expansão de um setor de bens duráveis de consumo e é resultado da própria implantação da nova estrutura industrial (técnicos, geren-

4. Guido Mantega, *A economia política brasileira*, 4. ed., São Paulo: Polis-Vozes, 1987.
5. Guido Mantega, *Raízes e formação da economia política brasileira* (a fase estagnacionista), São Paulo: 1982. p. 99, Tese de Doutorado apresentada à Universidade de São Paulo.

tes, burocratas), além de estar de acordo com a nova composição da demanda interna.

O aumento dos investimentos significou a transformação da demanda de modo a caracterizá-la como especificamente capitalista, ou seja, "os investimentos saem da sombra do mercado pré-industrial e passam a determinar a dinâmica da acumulação, inclusive a dinâmica do mercado consumidor.[6]

Caracteriza-se, então, a maturidade (maioridade) do capitalismo, identificada pela submissão real do trabalho ao capital (através de um longo processo de transição). "A permanente transformação tecnológica e o consequente desenvolvimento das forças produtivas revela-se uma forma mais eficiente de produzir mais-valia do que o simples prolongamento da jornada de trabalho", com a expansão do trabalho não pago, mediante o barateamento do custo de reprodução da força de trabalho.[7]

O capitalismo passa a dedicar-se ao desenvolvimento das forças produtivas por meio de todos os recursos disponíveis. No Brasil, aliás, após a implantação de poderosos setores de bens de capital e bens intermediários, desenvolve-se uma certa capacidade tecnológica autossustentada. De sua maneira se estabelece "uma relação de dominação dos meios de produção sobre os homens (...) uma relação efetiva, real e não ilusória (...). Daí o sentido da produção pela produção, que não leva ao consumo final, mas utiliza-o como meio para desembocar numa nova produção".[8] Esta última fase significa que o consumo deixa de ser o objetivo final e transforma-se em *meio para a efetivação da acumulação*, e isto implica na transformação de boa parte dele em consumo produtivo.

Concretamente, esta última etapa significou no Brasil o avanço da participação das indústrias de bens intermediários e de bens de capital. Tem-se um peso diferencial evolutivo dos setores de produção (bens intermediários + bens de capital) e de consumo (bens de consumo duráveis + bens de consumo não duráveis).

Concretiza-se, então, uma profunda alteração no mercado consumidor, resultado da preponderância dos investimentos na dinâmica capitalista, do papel estratégico do consumo produtivo na dinâmica da acumulação.

Essa fase de maturação do capitalismo brasileiro se fez via estruturação de uma "industrialização autossustentada", ou seja, "estimulada basicamente

---

6. Id., Ibid., p. 278.
7. Id., Ibid., p. 48.
8. Id., Ibid., p. 55.

pelo mercado nacional" até "atingir um certo grau de complexidade, de modo a possuir complementariedade e um dinamismo intersetorial"[9] capaz de acompanhar a acumulação em grande escala.

Enfim, na atual etapa de maioridade do capitalismo no Brasil, o papel determinante na dinâmica da acumulação cabe aos investimentos que passam a determinar também a dinâmica do mercado consumidor. A transformação qualitativa havida no capitalismo brasileiro, e ligada à proeminência dos bens de produção e concentração dos recursos financeiros (bancos), foi capaz de criar, pela sua dinâmica própria, produtos novos mais eficientes no processo de acumulação e que penetraram em todas as áreas: no urbano, no comércio, no lazer, como é o caso do "produto" *shopping center*.

A Necessidade do Desenvolvimento da Gerência Científica

Essa transformação qualitativa foi acompanhada de uma alteração substancial na organização interna das empresas, principalmente das indústrias. Expandiu-se poderosamente, como nos países capitalistas centrais, a chamada *gerência científica*. Impulsionada pela própria acumulação de capital, pela revolução técno-científica que a acompanha, pela especialização e alienação crescentes do trabalho e através da aplicação de métodos científicos aos problemas complexos e crescentes do controle do trabalho nas empresas, ela se empenha em reduzir o caráter autônomo da demanda de seus produtos, aumentando seu caráter induzido.[10]

A gerência científica apresenta características particulares que caracterizam a empresa moderna. "Para esse fim a organização mercadejadora (sic) torna-se a segunda em dimensão, sendo a primeira a organização da produção em empresas fabris; e outros tipos de empresa vêm a existir com o único propósito e única atividade de mercadejar (sic)."[11] E, ainda, perseguindo a concretização, a apropriação do excedente cada vez mais volumoso, o gerenciamento

9. Id., Ibid,. p. 231.
10. "... o taylorismo não se pode tornar difundido em qualquer indústria ou aplicado em situações particulares até que a escala de produção seja adequada a arcar com os esforços e custos implicados na 'racionalização' dele [trabalho]. É sobretudo por esta razão que o taylorismo coincide com o aumento da produção e sua concentração...". Harry Braverman, *Trabalho e capital monopolista*. A degradação do trabalho no século XX, 3. ed., Rio de Janeiro: Zahar, 1981, p. 222.
11. Id., Ibid., p. 227.

desenvolve o chamado "ciclo do produto", isto é, invenção de "novos produtos e serviços, alguns dos quais se tornam indispensáveis à medida que as condições de vida moderna mudam para destruir alternativas".[12]

Há uma mudança em toda a estrutura da administração, de maneira que a gerência "veio a ser administração, que é um processo de trabalho efetuado para fins de controle no seio da empresa, e efetuado, além do mais, como um processo de trabalho rigorosamente análogo ao processo de produção, embora ele não produza artigo algum que não seja a operação e a coordenação da empresa".[13]

Estrutura-se a função empresarial de coordenação social, pois "a complexidade da divisão social do trabalho que o capitalismo desenvolveu no século passado, e a sociedade urbana concentrada que pretende manter massas imensas em delicado equilíbrio, exigem enorme quantidade de coordenação social como nunca antes".[14]

Esse desenvolvimento da gerência científica, relacionado diretamente à produção, não só desenvolve amplamente novas atividades improdutivas, no sentido de Marx, como também penetra nos setores não diretamente produtivos, de forma a separar neles a concepção da execução. O estudo do trabalho, de todas as suas formas e processos, deve agora ser impedido, não só aos trabalhadores, como também aos pequenos empresários, aos capitalistas não organizados e menos poderosos.

A Gerência Científica Aplicada na Construção de Espaços Imobiliário-Comerciais

Não é surpreendente, então, que as características apontadas, que têm origem na concentração de capital, sejam encontradas nos empreendimentos imobiliário-comerciais como os *shopping centers*. Isso fica evidente ao se considerar a administração e a organização interna do *shopping*.

De princípio, o *shopping* é um empreendimento no qual os próprios participantes (as diversas lojas, com exceção em parte das lojas-âncora) desconhecem o processo "de sua produção", pois não são eles que escolhem o "ponto comercial" (a localização) e podem não ter a menor ideia de sua

12. Id., Ibid., p. 235.
13. Id., Ibid., p. 228.
14. Id., Ibid., p. 229.

racionalidade; pelo contrário, é o ponto comercial construído que os escolhe. Além disso, desconhecem também o processo de sua localização interna no empreendimento (o *tenant mix*) e dele não participam.

Presentes no *shopping*, os lojistas têm sobre si uma racionalidade que transcende as iniciativas capitalistas particulares e que se sobrepõe a elas, envolvendo um estrito controle de padronização comercial, que vai do projeto de instalação até as normas de funcionamento. O contrato de locação, as normas gerais complementares e o regimento interno garantem ao empreendedor, através da administração, uma organização estritamente controlada sobre os lojistas, sobre o SC.

O contrato de locação compõe uma relação locativa especial entre os empreendedores do SC e os lojistas: o aluguel composto. Fica estipulado um preço mínimo, em função do m^2 da área locada, fixado a um indexador, e um preço variável, paralelo, vinculado a um percentual sobre o faturamento bruto do lojista. Esses dois preços são articulados, de maneira que das duas modalidades (aluguel mínimo e aluguel variável ou móvel) prevaleça sempre a que for mais elevada. Para que o aluguel móvel se faça sobre bases reais, o contrato inclui a garantia ao empreendedor de uma fiscalização intensa e constante do faturamento dos lojistas, de todos os registros de operações comerciais, com direito a auditorias. As "Normas Gerais Complementares de Locação dos Salões Comerciais situados no Centro Comercial", adicionadas ao contrato de locação, permitem uma interferência profunda dos empreendedores, através da administração, na utilização das lojas, em aspectos tais como "construção do imóvel e sua destinação, modificações do projeto de construção; projetos e obras; utilização dos salões comerciais; as áreas de circulação e uso comum e dos serviços; o aluguel; a fiscalização do aluguel apurado com base nas vendas brutas; os encargos e despesas decorrentes da locação; a garantia das exigências dos poderes públicos; a cessão, sublocação ou empréstimo dos salões comerciais; o regulamento interno e a associação dos lojistas".[15]

Desde o projeto de instalação da loja, o lojista deve submetê-lo à aprovação da administração, incluindo letreiros e decoração. Todas as especificações devem ser previamente enumeradas e a administração tem o direito de fiscalizar as obras, podendo inclusive exigir a substituição das empreiteiras que considerar inidôneas ou tecnicamente inconvenientes. Quando a loja já

15. Rubens, Requião. "Considerações jurídicas sobre os *shoppings centers* no Brasil". In: José Soares Arruda e Carlos A. da S. Lobo, (coordenadores), *Shopping centers: aspectos jurídicos*, São Paulo: Ed. Rev. dos Tribunais, 1984, p. 146.

está instalada, o regimento interno, anexo ao contrato de locação, determina uma série de proibições e compromissos, tal como a obrigatoriedade de mencionar em qualquer publicidade o nome do SC, de não ultrapassar a capacidade da carga de luz e força prevista para a loja, de não vender artigos de segunda classe sem autorização expressa, de não realizar leilões ou vendas similares sem autorização expressa, de não vender enfim mercadorias não incluídas no contrato.

O lojista também está proibido de interromper arbitrariamente o funcionamento de sua loja. Ele responde por obrigações e ônus que se referem às áreas, dependências e instalações de uso comum, como, por exemplo, o pagamento das despesas com o consumo e a manutenção da aparelhagem de ar condicionado. As vitrinas e os letreiros existentes nas lojas deverão ficar iluminados durante os períodos determinados pela administração.

Os lojistas são obrigados a participar da associação de lojistas existente no SC, encarregada de criar e gerir um fundo de promoções coletivas (despesas de propaganda e promoções) mantido com a contribuição obrigatória desses mesmos lojistas, mas também com a contribuição do locador. Os locatários não podem variar de ramo de negócio, no curso do empreendimento, atendo-se àquele para o qual a loja foi destinada. É proibida a cessão da locação, mas o proprietário do SC pode solicitar a retomada do imóvel. O desrespeito a todas essas limitações e obrigações sujeita o lojista a sanções, que vão de multas à sua exclusão.

Essa forma de controle centralizado, feito pelo empreendedor através do gerenciamento, apresenta um caráter desdobrado. Isso porque o controle do interior do SC, uma vez ele construído e em funcionamento, feito *sobre* os capitais privados e isolados, que de fato constituem o empreendimento, é antecedido por um gerenciamento da produção em si do SC. A produção do SC como forma, como espaço imobiliário, o seu processo de produção, que antecede ao processo de circulação que o SC encarna, é feito também (e essa é a herança do SC constituído) através de um gerenciamento absoluto do espaço.

Assim é que o SC, como necessidade criada pelo desenvolvimento industrial, materializa-se sobre o espaço já configurado através de um planejamento acabado. Este envolve desde a escolha do terreno até a viabilidade econômica propriamente dita. Na escolha do terreno atenta-se para o custo, acesso, topografia e área de expansão. Em relação à viabilidade econômica visa-se à avaliação da potencialidade de vendas e aluguéis. Para isso faz-se o estudo da área provável de influência do SC (condições de acesso, características do comércio vizinho e do comércio competidor) e da população alvo (hábitos de consumo, poder aquisitivo e tendências de crescimento), além de outros pormenores.

Através dessa "microavaliação", e tendo em vista as necessidades dos principais parceiros comerciais (necessidades de expansão de cadeias de lojas, pontas de lança de indústrias de roupas) arma-se o *tenant-mix*, ou seja, a escolha dos tipos de lojas que estarão presentes no SC, sua distribuição em seu interior, o tamanho e a forma segundo o ramo comercial.

O *tenant-mix*, uma criação da gerência científica para esses empreendimentos imobiliário-comerciais, tem em vista as "necessidades" comerciais da área de influência do SC, ou as necessidades a serem criadas nessa área.

Ou seja, o objetivo principal da gerência científica nesse caso não é só pôr sob seu controle uma atividade, que durante muito tempo tem apresentado um caráter quase artesanal e livre da racionalidade dos grandes grupos financeiros e industriais. Consiste também em impor elementos gerais de controle do mercado (geração em série de novas necessidades) e específicos (de vivência urbana e comercial), de forma a otimizar as vendas e realizar o lucro.

No nível interno ao SC, na indução do fluxo e da compra, o *mix* se baseia na localização das lojas-âncora e na necessidade de evitar pontos mortos em termos de circulação. Nesse processo de organização espacial são importantes as áreas de alimentação e as áreas de lazer, cuja função principal é gerar fluxo para o SC.

O funcionamento controlado e dependente da racionalidade da administração significa também o controle da concorrência interna entre os lojistas. Ela fica assim atenuada, tendo em vista que o aumento de venda dos lojistas, como um todo, só pode significar para o empreendedor a otimização de seu rendimento. De certo modo, difunde-se em nível menor a monopolização que o SC, enquanto forma, representa na realidade urbana.

A divisão de trabalho que a gerência científica traz para os empreendimentos imobiliário-comerciais é encontrada também em seu próprio interior. Essa estrutura administrativa, para controlar e vigiar o rendimento dos lojistas, para manter um padrão de funcionamento e imagem definidos pelo empreendedor, é, normalmente, exercida por empresas especializadas. Essa administração, como representante do empreendedor, estrutura-se para atender a necessidades específicas (financeiras, de operações, de promoção, de publicidade), de forma também a desmontá-las, remontá-las e introduzir novidades que possam assegurar o crescimento dos rendimentos.

Tudo isso caracteriza, na verdade, a centralização (a alienação, por outro lado) de todo um conhecimento que antes estava disperso pelo comércio (o ponto, as normas de funcionamento etc.) e que nesses casos passa a ser monopólio apenas dos empreendedores e de seus agentes – a administração. Caracteriza-se aqui claramente a gerência científica, que por sua vez tende a tornar ainda mais complexas as funções da administração, introduzindo pesquisas de mercado e outras novidades desconhecidas do pequeno capitalista.

De certa maneira, com o SC observa-se uma certa revolução "externa" sobre as pequenas lojas, na medida em que as disciplina e as controla de fato; porém não há nesses casos, ou pelo menos não é significativa, uma revolução "interna", pois o processo de trabalho visível nelas ainda é o tradicional (balcão, pouca divisão de trabalho etc.). No entanto, muitas dessas pequenas lojas fazem parte, na verdade, de redes comerciais (ou franquias),[16] ou estão ligadas diretamente às indústrias, mas o processo aparente de venda, mesmo nesses casos, é tradicional. Assinale-se também o fato de essas pequenas lojas já constituírem um grau elevado de especialização de venda de um tipo definido de artigo.

Se, com a gerência científica, a organização da comercialização torna-se, na produção, a segunda em importância, tendo em vista a redução do caráter autônomo da demanda, para os SC ela é a exclusiva. Nos SC a própria arquitetura é feita como parte da indução à compra. No processo da indução, os SC criam e reproduzem (de acordo com os padrões dados pela produção) toda uma ideologia de consumo, fundamental no processo de concretização e apropriação do valor excedente, que tem tanto o sentido de uma produção quantitativa como qualitativa de clientes.

A chamada produção quantitativa de clientes, conceito de Veblen, significa o desvio de clientes dos outros vendedores. Nesse sentido ela se volta, como em São Paulo, a todas as outras áreas comerciais da cidade, especialmente as de maior influência (como foi a Central e a Rua Augusta), incluindo os outros SC concorrentes (daí também o sentido da renovação dos SC). A produção qualitativa de clientes é, no caso brasileiro, a atração do setor de maior poder de compra, de forma a associar o produto (SC) à reprodução ideológica de classe.

A publicidade é aqui um elemento chave. Assim como na produção: o estilo, o desenho, a embalagem tornam-se componentes essenciais da venda,

---

16. A própria franquia, cada vez mais disseminada, é a venda de um conhecimento que antes disperso é hoje monopólio de determinados lojistas. Corresponde, até certo ponto, a um recuo na perícia de cada lojista.

em seus aspectos externos e internos, refletindo-se na caracterização do espaço arquitetônico, na decoração do espaço, na linha exclusiva de produtos (*griffes*), nas embalagens. Os SC incorporam também o conceito de obsolescência do produto, quanto ao estilo e pouca durabilidade, que vem da produção e que aparece como moda.

Cabe também lembrar o papel dos SC enquanto função empresarial de coordenação social, já que a reprodução da cidade pelo SC se faz de maneira planejada, organizada, disciplinada, com controle de frequência (pois a segurança encarrega-se, discretamente, de afastar dos SC as pessoas consideradas indesejadas, como mendigos, menores abandonados, *punks*, bêbados ...) e voltada exclusivamente para interesses particulares, sem que os frequentadores sintam esse controle externo.

O desenvolvimento da gerência científica no Brasil, enquanto exigência da acumulação de capital e da constituição de grandes grupos, desdobrou situações de monopólio e de gerenciamento científico em outras áreas, como no comércio. Essa situação monopólica, que de fato os SC procuram, possibilita lucro mais estável (perante as conjunturas) e, através da gerência científica, um aperfeiçoamento técnico que garanta lucros suplementares frente a outras realidades comerciais. Através da gerência científica permite-se uma melhor avaliação da capacidade de consumo dos mercados, a apropriação das principais vias de circulação (que se tornam principais, muitas vezes, por essa iniciativa), o emprego do melhor pessoal técnico etc.

Uma Nova Organização do Espaço Urbano

A gerência científica aplicada à construção de espaços imobiliário-comerciais, como os SC, parte de uma ampla programação do espaço, na qual a contribuição do Estado tem sido importante. Esta ocorre de forma a limitar o peso das determinações locais, o que garante a esses empreendimentos uma certa (e crescente) "autonomia do capital" em relação à herança da localização. Permite ainda uma ampliação do controle privado sobre as chamadas externalidades.

A transformação que esse espaço comercial representa, o significado de sua inserção no urbano, vem indicar que há um processo novo que aponta para uma organização do espaço cada vez mais gerenciada e monopolizada. Os diversos elementos que se transformam e se desenvolvem revolucionam relações de interesse da geografia, como: o ponto comercial, as externalidades, a relação próximo/distante, a relação continuidade/descontinuidade, a obsolescência do produto espacializado, a ideologização do espaço, a relação espaço público/espaço privado, o espaço sistematicamente administrado pelo político, a política miúda do espaço, a transformação de todo espaço em espaço de poder e de controle.

As transformações qualitativas no capitalismo brasileiro, os novos aspectos da atividade produtiva que caracterizam o monopolismo, a ampliação da intervenção do Estado para contornar as contradições geradas pela própria acumulação capitalista precedem e geram, como já se assinalou, a instauração de uma nova realidade urbana. Comandado pelo grande capital, esse processo está, segundo Lefèbvre, todo revestido de aparência e ideologia, pois, agora, o espaço inteiro tornou-se o lugar das relações de produção (e não apenas dos meios de produção).[17] Todo o espaço deve reproduzir ativamente as relações de produção e contribuir para a sua manutenção e consolidação. Nessas condições, impõe-se a estruturação de um espaço arquitetônico e urbanístico voltado abertamente para a reprodução das relações sociais: "é o espaço programado".[18] Por esse ângulo, todo o espaço social é transformado em espaço político.

Dentro de um processo de progressiva presença deste "novo" na realidade urbana, "formas transformam-se em funções e entram em estruturas que se retomam e as transformam".[19] De maneira análoga, pode-se pensar o SC, que é parte de um processo de inovação da cidade no capitalismo monopolista, como uma forma inédita na realidade urbana, em princípio. Em São Paulo, quando surgiu, manteve-se por tempos relativamente isolado e sobreposto às áreas comerciais tradicionais. À medida que o SC foi ganhando mercado e tornou-se uma necessidade em consonância com o desenvolvimento da atividade produtiva, este foi se tornando sinônimo da função comercial, como ocorre em São Paulo. E, mais que isso, tem se tornado uma parte importante na "renovação" urbana, englobando, por exemplo, áreas residenciais, conjuntos de escritórios e mudanças na valorização diferencial na cidade.

A implantação de SC "regionais" em metrópoles como São Paulo, provoca uma repercussão profunda na geografia da cidade. Não significa dizer que só os SC provoquem tais transformações, mas, sim, que os SC aparecem associados a elas e eles próprios são parte delas.

---

17. Henri Lefèbvre, "Estrutura social: a reprodução das relações sociais", In: Marialice Mencarini Foracchi, José de Souza Martins, *Sociologia e sociedade:* leituras de introdução à sociologia, Rio de Janeiro: LTC, 1977.
18. Id., Ibid., p. 250.
19. Id., Ibid., p. 248.

A presença dos SC, em São Paulo, tem significado uma mudança das áreas comerciais, um deslocamento delas, uma redefinição valorativa da geografia comercial da cidade. Essas mudanças do comércio associam-se a mudanças nas áreas residenciais, valorizando novos espaços, verticalizando áreas. O próprio fluxo de automóveis muda, já que se criam pontos importantes de atração, principalmente para esse tipo de consumidores.

Uma mudança de escala na dinâmica urbana e no alcance dos empreendimentos na cidade associa-se também aos SC. Isso porque sua implantação e seu desempenho se fazem valer, não pela escala pequena, de bairro, mas sim por uma escala que engloba parcial ou totalmente uma cidade ou mesmo uma metrópole. A mudança de escala, o rompimento com esquemas "locais" no sentido geral, significa também que a valorização se concretiza, obedecendo a uma nova dinâmica espacial. Os SC representam um elemento importante nesse âmbito.

Essas mudanças na cidade, no processo de valorização e na maneira como o espaço *stricto sensu* nele se insere, obviamente não ultrapassam a contradição e a diferenciação de classes. Pelo contrário, elas reforçam essa desigualdade social, na medida em que se produzem novas formas no espaço urbano, como bairros residenciais fechados e SC, que definem mais claramente (fisicamente) áreas de uso social específico. Além disso, há nessas formas, especificamente nos SC, um controle social desconhecido em áreas correlatas e que a privatização garante.

Essas transformações da inscrição material no espaço são claramente função da mudança na dinâmica da acumulação. Elas rompem com a "determinação genealógica da divisão econômico-social do espaço"[20] e aparecem, em momentos e sob formas várias, tais como:

1. *Amplitude da programação de um novo espaço.* A implantação dos SC é precedida de um minucioso estudo de mercado para definir sua localização e sua organização interna. Tal programação pode envolver apenas o empreendedor do SC ou um grupo de empreendedores.

2. *Limitação do peso das determinações locais.* A implantação dos SC, a partir da reunião de capitais, obedece a extensas áreas-alvo de influência e se faz com uma preocupação bastante grande com as macrovias de acesso. Nesse sentido, os SC ultrapassam as limitações das áreas comerciais tradicionais.

20. Alain Lipietz, *Le capital et son espace*, 5. ed., Paris: La Découverte-Maspero, 1983.

3. *Transformação radical do espaço socioeconômico preexistente.* Isso se faz tanto em termos de valorização quanto espacialmente, isto é, através da criação de novas condições de valorização em função dos investimentos, seja em área de uso urbano "obsoleto", seja em áreas mais valorizadas. A implantação dos SC revoluciona as bases locais de valorização do solo. Significa nesse sentido uma resolução para o problema dos custos do quadro espacial passado. As transformações vão além da escala do bairro.

4. *Utilização do antigo espaço como "base de apoio" (meio).* Os SC não são um comércio de bairro; além disso, como uma imposição da produção, o mercado (bairro) é apenas um meio para sua concretização. Os bairros de maior renda constituem essa "base de apoio", embora isso não seja regra. Por outro lado, os tais bairros por si só não constituem "meio" e, sim, na medida em que estão vinculados ao acesso aos grandes eixos de circulação, que também são, portanto, meio de concretização do "produto" SC.

5. *Anulação total do antigo espaço socioeconômico.* Isso pode ocorrer quando a instalação de um SC destrói características das áreas vizinhas, em função da valorização e do aumento da circulação; pode envolver a expulsão dos antigos usuários.

6. *Ampliação do controle privado sobre as externalidades.* Entram aí tanto as "negativas" (absorvidas pelos investimentos públicos, principalmente) quanto as "positivas" (através da privatização dos efeitos de localização, por grupos de empreendedores de mesma origem setorial, como a indústria de construção civil). Isso tem reflexos na arquitetura (controle/espaço intramuros) e na organização do empreendimento (fortemente centralizada).

O controle rigoroso que os SC têm sobre seu espaço imediato (*tenant-mix*, decoração, segurança, estacionamento, promoção etc.) corresponde a uma harmonização com as chamadas externalidades (a dinâmica urbana em geral), com o processo "moderno" de renovação da cidade. Nesse sentido, a construção de bairros residenciais, a criação de novos centros de serviços e o aproveitamento das grandes vias de circulação são processos que envolvem interesses convergentes aos dos SC, levando até mesmo a associações.

As condições gerais de produção da forma SC são, dessa maneira, as mesmas de produção da forma urbana. Na inovação SC há uma autêntica subversão da estrutura urbana até então existente. Mas ela é geral, fazendo parte das alterações que reorientam os eixos de circulação (no caso da cidade de São Paulo, as marginais, as vias expressas e autoestradas) e formam novas áreas (áreas nobres em locais isolados, condomínios fechados etc.).

A subversão espacial, ideológica e concreta significa, nos termos de Lefèbvre, que a relação entre próximo e distante, entre continuidade e descontinuidade, no seu significado anterior, foi superada. As bases da localização, da espacialização, foram alteradas, tanto linearmente (outra qualidade de vias de circulação assume importância primordial) como aureolarmente (questionada a contiguidade de áreas organizadas). No caso da cidade de São Paulo, essa nova concepção da dimensão espacial significa, no sentido geral, a própria metropolização, e, no sentido específico, peculiaridades inerentes ao processo de transformação capitalista no Brasil.

As novas condições de produção da forma urbana, como da forma SC em especial, renovam os conteúdos de diferenciação e segregação presentes na cidade. Isto porque, se historicamente a construção do espaço urbano neste século, no caso de São Paulo, é, em parte, um processo de construção da diferenciação locacional e da superação da diferenciação, esta lógica urbana de diferenciação e mesmo de segregação ganha importância com a consolidação do capitalismo monopolista, como forte elemento na geração da obsolescência.

A construção do espaço urbano, determinada pelos investimentos e não mais pelas necessidades do mercado, utiliza-se da valorização diferencial, da sua ideologização, para a sua própria dinâmica de expansão. O elemento superestrutural ganha significado novo nessa fase, em função do contorno às contradições do desenvolvimento capitalista, e torna-se a chave na formação do espaço sistematicamente ideologizado. A criação de um espaço administrado sistematicamente pelo político, a politização efetiva, miúda, do espaço, a transformação de todo espaço em espaço de poder, de controle dissimulado, tem nesse momento condições amplas de desenvolvimento e criação de formas.

Nesse contexto, os SC assinalam o alvorecer de um processo que se desenvolve a largos passos no urbano, apontando para um novo cotidiano, preenchido e administrado, onde as novidades são o controle e o gerenciamento, monopolizados. E, além disso, une-se a administração do cotidiano à visibilidade do poder, de modo que a funcionalidade desses espaços comerciais é ao mesmo tempo a sua invisibilidade. Por essa perspectiva, eis que se coloca em questão o localizável.

3 Shopping Center: Uma Imagem de Espelhos*

Wilson Ribeiro dos Santos Júnior**

Nos anos 60 um novo marco referencial integra-se à paisagem das grandes cidades brasileiras: os *Shopping Centers*. Resultantes e, ao mesmo tempo, engrenagens do movimento urbano, apresentam-se desde então, como uma de suas expressões mais complexas e significativas.

Concentram elementos que abrangem, de maneira sintética, desde a estruturação do espaço urbano do ponto de vista do capital, até a produção de imagens ligadas às representações ideológicas da sociedade.

Espacialmente se apresentam como a linguagem da sedução materializada. Através de linguagens de sedução mostram-se como um produto social avançado, que impõe novos padrões de consumo, regras de convívio, inaugurando um novo tempo-espaço urbano.

O conceito em que se baseiam não é novo. A concentração espacial de determinados tipos de atividades econômicas confunde-se com a própria história das aglomerações humanas conhecidas. E a atividade comercial, por

* Este texto foi originalmente elaborado para acompanhar o ensaio fotográfico sobre o tema realizado por A. J. Saggese, do qual algumas fotos estão aqui publicadas. O autor foi premiado em 1985 na I Quadrienal de Fotografia do Museu de Arte Moderna de São Paulo, MAM, e em 1986 com a bolsa "Marc Ferrez" da FUNARTE para realização do trabalho *Shopping Centers*.

** Arquiteto. Diretor da Faculdade de Arquitetura e Urbanismo da Pontifícia Universidade Católica de Campinas, PUCCAMP, no Estado de São Paulo. Presidente do Sindicato dos Arquitetos no Estado de São Paulo.

pressupor a aglomeração como condição de seu melhor desempenho, destacou-se nessa diferenciação de espaços.

Com o desenvolvimento das cidades acelerou-se a separação entre as suas partes. As áreas comerciais, residenciais, industriais, de lazer etc., tornam-se cada vez mais definidas. A atividade das diferentes classes sociais vai criando internamente tecidos especiais, marcas da disputa que vai recortando territorialmente a cidade. Os SC tornaram-se, no interior desse processo, herdeiros diretos dos empreendimentos comerciais e imobiliários que demarcaram os signos de modernidade, desde o final do século passado nas grandes metrópoles capitalistas: as galerias, as lojas de departamento e os grandes edifícios comerciais.

Tal como os conhecemos, surgiram no coração do sistema capitalista e, desde então, vêm ganhando importância crescente na estruturação do espaço e da economia das regiões mais densamente urbanizadas.

Aparecem nos Estados Unidos da América no período imediatamente posterior à II Guerra Mundial. Dadas as condições gerais de internacionalização da produção e da distribuição de mercadorias, apresentam uma natureza cosmopolita, típica dos empreendimentos capitalistas do século XX.

No momento de seu surgimento, os EUA conheciam um *boom* econômico e apresentavam um processo intenso de metropolização em diversos pontos de seu território. Reuniam-se ali as condições para que as áreas progressivamente destinadas ao comércio ganhassem uma nova forma e conteúdo, enquanto aplicação centralizada de novos métodos e tecnologias comerciais baseadas em um planejamento extremamente rigoroso de custos e probabilidades de benefícios.

Os SC evoluíram rapidamente, em virtude das suas potencialidades econômicas e de suas escalas de influência, transformando-se tanto do ponto de vista das dimensões e formas de organização, quanto dos instrumentos de intervenção econômica e de articulação espacial nas grandes cidades. Encontra-se atualmente nos EUA a imensa maioria dos SC existentes no mundo, de tipos diversos, variando em seu raio de atendimento desde pequenas comunidades até macrorregiões.

Ao serem implantados no Brasil, a denominação original, no entanto manteve-se, já que a referência estrangeira sempre esteve ligada, em nossa história, à imagem da inovação. Contemporâneos à entrada maciça de empresas internacionais em praticamente todos os ramos de atividades produtivas do país, esses novos eventos urbanos vincularam sua imagem à tecnologia de ponta, praticada por tais corporações, vestiram-se de uma arquitetura funcional e apropriaram-se das mais sofisticadas linguagens visuais.

Os SC produziram-se, no cenário urbano brasileiro, como símbolos onipresentes de poder. Erigem-se como representação de um novo tempo social, voltados para a criação de um universo de fantasia dirigido para o consumo.

O SC é um lugar atual do consumo. Cientificamente pensado e arranjado nos mínimos detalhes para o supremo ato da compra. Vende-se de tudo: boa localização, quantidade e qualidade de mercadorias, concentração dos mais variados serviços, economia de tempo, conforto, segurança etc.

Sua concepção busca recriar, na essência, um centro urbano idealizado e atemporal: aquele que concentraria várias opções de consumo, tornando-se um ponto de referência da cidade tradicional e consagrando-se como um ponto de encontro, local de reunião.

Para responder às expectativas de retorno do vultoso empreendimento financeiro e imobiliário, habitualmente elaborado, destinando aos investidores uma participação nos lucros das atividades, a imagem representa um componente essencial. É o canal de tradução dos SC enquanto manifestação da qualidade e vantagens do viver urbano, enquanto universo sedutor capaz de atrair grandes contingentes de consumidores e enquanto influenciador decisivo nos próprios padrões de consumo coletivo.

A incorporação da imagem como um elemento fundamental na disputa concorrencial possibilitou aos SC, além da criação de um espaço peculiar de persuasão e indução de comportamentos, corporificar (principalmente no Brasil) importantes unidades simbólicas de reprodução da ideologia dominante.

A primeira delimitação do SC apresenta-se em relação à cidade. Constitui-se como uma cidade dentro da cidade, refletindo a segmentação da sociedade em classes. São espaços apartados, destinados aos que podem consumir, sem as perturbações causadas pela massa urbana sem posses e onde a ocorrência de eventos casuais característicos do viver urbano possa ser suprimida.

> Para o poder, há mais de um século, qual a essência da cidade? Cheia de atividades suspeitas, ela fermenta delinquências; é um centro de agitação.[1]
>
> Ao mesmo tempo que lugar de encontros, convergência das comunicações e informações, o urbano se torna aquilo que sempre foi: o lugar do desejo, desequilíbrio permanente, sede da dissolução das normalidades e coações, momento do lúdico e do imprevisível.[2]

---

1. Henri, Lefèbvre, *O Direito à Cidade*, São Paulo: Ed. Documentos, 1969, p. 76.
2. Id., Ibid., p. 77.

O ambiente criado é o resultado de técnicas e reconstruções de determinadas imagens sociais, onde a história foi passada a limpo. É a cidade sem barulho, é o ponto de encontro programado, é o controle do "acontecer" das ruas.

> Félix Guattari notou recentemente em São Paulo, num simpósio sobre Cidade e Poder, que a atmosfera interior de um *shopping center* processa psicologicamente uma 'infantilização' de seu usuário, criando condições ideais, como no útero materno, para o pleno usufruir do local. É uma comparação interessante, porque a atmosfera de um *shopping center* procura, de fato, amortecer os choques externos. Nesse ambiente fechado as pessoas se esquecem das intempéries, se está quente, ou se há chuva lá fora. O caos visual do centro de uma metrópole é transformado em projeto perfeito de comunicação visual e organização espacial. Lá as pessoas são induzidas pela informação a circular, o ambiente direciona e propicia o movimento. O barulho infernal do trânsito é trocado por uma música neutra de fundo que suaviza o espaço. A iluminação seduz e é um fator de segurança. A própria espacialidade, as ruas internas, as praças, as fontes, nos remetem ao conhecido, ao fechado ou, como diz Guattari, ao útero materno.[3]

Elementos símbolos da atualidade urbana incorporam aquilo que lhes é peculiar. Trata-se de uma afirmação das características metropolitanas, a exaltação do viver tecnológico, o presente como transição para um futuro próximo, sem rupturas. Não há lugar para dúvidas ou inquietações. A fantasia promovida à exaustão pelos recursos imagéticos combina-se com a racionalização, a assepsia. Não há mais lugar para o retorno às utopias do passado. Perderam-se no interior das transformações no espaço-tempo urbano os devaneios românticos do final do século passado, como este:

> Sou um efêmero e não demasiado descontente cidadão de uma metrópole considerada moderna, porque todo o gosto conhecido foi subtraído, tanto dos mobiliários e do exterior das casas, quanto da topografia da cidade. Aqui não encontrareis os vestígios de nenhum monumento à superstição.[4]

Ao mesmo tempo e por outro lado, os SC são apresentados como respostas artificiais às necessidades de fuga dos aspectos negativos das concentrações urbanas. São veiculados como locais para o convívio, principalmente para a juventude: ruas cobertas e seguras de um centro urbano recriado com praças, bulevares, fontes, cinemas e atrações imediatamente adquiríveis.

---

3. Tânia M.O. Souza e Zied U. Sabbagh, *Shopping Center*, Campinas: FAU/PUCCAMP (Trabalho Interdisciplinar de Graduação) 1985, p. 57.
4. Jean Arthur Rimbaud, *Uma temporada no inferno & Iluminações*, Rio de Janeiro: Francisco Alves Ed., 1982. p. 101.

Shopping Eldorado – 1987

Antônio José Saggese

Tanto interna como externamente, os SC compõem um novo e influente padrão de linguagem. Externamente são de arquitetura de grandes dimensões, marcos referenciais conformados pela escala e pela forma de implantação (número de presentes e usuários, áreas de estacionamento etc.).

Os preceitos básicos da arquitetura racionalista são aprisionados pela funcionalidade intrínseca desses templos de consumo. Resultam daí grandes volumes, cuja horizontalidade e altura são determinadas pelo quebra-cabeça de peças limitadas, regido pelos princípios de organização espacial utilizados nos SC. Baseiam-se eles em arranjos combinatórios, que têm como base a hierarquia e o poder de influência de suas principais lojas-âncora – lojas de departamentos, supermercados ou outras de grande porte – e as demais.

A variação das ruas internas (*malls*, na linguagem original), os corredores labirínticos, o sistema de circulação devem responder eficientemente aos requisitos de percurso entre o consumo programado (que leva o consumidor a deslocar-se até o SC) e o consumo por impulso (motivado pela atmosfera do mesmo).

> O verdadeiro caráter decisivo da fantasia está na sua instrumentalidade, se bem que não imediatamente passível de apropriação: ela pode ser utilizada – e o é – como o imaginário imposto à sociedade toda por uma classe como o único imaginário possível, ou seja, o imaginário preenchido pelo consumo e pelo enriquecimento material, bem como pode ser utilizado como esfera de libertação.[5]

A arquitetura desloca-se para o campo da cenografia. É o suporte do espelho, da imagem. Transforma-se em elemento de linguagem visual dentro da espacialidade da persuasão. Estes elementos conjugados operam na dissolução do tempo: a iluminação artificial, as superfícies de vidro, os espelhos refletores, os jorros d'água criam um universo fantasioso e atemporal. O espetáculo é ritmado pelo acender e apagar das luzes e o cenário apresenta-se sempre impecável.

> O *shopping* reproduz uma rua que não tem história, que não faz parte da topografia da cidade em que está inserido, que não remete a nenhuma lembrança na memória individual de seus usuários. É um lugar que não envelhece....[6]

Relativamente à visualidade, o ambiente do SC é montado para destacar a mercadoria. Busca o encantamento, a mercadoria transmutando seu caráter

---

5. Ciro Marcondes Filho, *A linguagem da sedução: a conquista das consciências pela fantasia*, São Paulo: COM-ARTE, 1985. p. 14.
6. Tânia M. O. Souza e Zied Y. Sabbagh, op. cit., p. 70.

de seriação industrial em objeto aparentemente único. Isso implica facilitar ao máximo a relação de pertinência entre consumidor e mercadoria.

A identificação imediata entre o indivíduo e a mercadoria, onde se espelha, deve ser possibilitada pela visualização simultânea do agente e do objeto do desejo.

O ato de compra simbolizará a redenção do indivíduo. O consumidor é resgatado da crescente desindividualização dos habitantes da metrópole, através de sugestões de imagens aparentemente personalizadas.

O consumidor e o manequim, habitantes-personagens desta cidade-cenário, combinam suas imagens e reflexos nos vidros e espelhos. Pulsa visualmente o coração deste sistema de representação cenográfica da mercadoria. Vitrinas, pessoas, espaços: o templo do consumo é o império da imagem. Fora, o sol brilha. Dentro, espelhos fragmentados refletem imagens intermináveis.

4 Os Shoppings de São Paulo e a Trama do Urbano: Um Olhar Antropológico

Heitor Frúgoli Jr.*

Introdução

A Cidade de São Paulo representa a expressão máxima da expansão de *shopping centers* no Brasil, verificada principalmente a partir dos anos 80. Ela conta atualmente com nove grandes *shoppings* e um número razoável de outros de médio e pequeno porte em funcionamento. Além disso, mais de uma dezena de novos empreendimentos encontram-se em planejamento ou construção, apontando, num futuro muito breve, para uma verdadeira "saturação" desses centros comerciais na metrópole.

Diariamente, um grande SC recebe uma população que varia entre 40 e 80 mil pessoas, número que pode mais que dobrar aos fins de semana ou feriados. Esse fluxo de frequentadores é vertiginoso: somente o Center Norte (compreendendo também o Lar Center) recebe mensalmente por volta de seis milhões de pessoas, o que significa dizer que mais da metade da atual população paulistana passa em seus corredores. Esses números encontram-se em pleno crescimento, longe de dar sinais de esgotamento.

---

* Antropólogo. Escola de Administração de Empresas da Fundação Getúlio Vargas (FGV) – São Paulo, e pesquisador em seu Centro de Estudos da Cultura e do Consumo (CECC).

Em São Paulo também registram-se várias tendências contemporâneas de SC, como a dos que se apoiam sobretudo no apelo das próprias lojas e vitrinas, como fator essencial de atração. Assim foi e de certa forma ainda vem sendo a estratégia do Iguatemi, ou do recente Jardim Sul, no Morumbi, repleto de *griffes* e uma pequena área voltada para a alimentação e lazer (além de uma explícita reserva quanto ao acesso do público jovem).[1] Mas há também aqueles que fazem do lazer e das promoções culturais uma "ancoragem" fundamental, cujo pioneiro foi o Morumbi.

Outros fatores de diferenciação entre os SC dizem respeito à miscelânea de grupos frequentadores. Há aqueles com um perfil mais seletivo e privilegiado, como o Iguatemi, e os de apelo mais abrangente, incorporando grupos das camadas populares, como o Center Norte ou o Interlagos, sem citar os situados na Grande São Paulo. Há também os que se situam numa região outrora sem tradição comercial, "fazendo o ponto" e criando um vetor de expansão urbana, como o Ibirapuera, no bairro de Moema; até os que, em menor número, já ocupam uma área tradicionalmente comercial, como o SC Paulista, implantado no local da antiga loja de departamento Sears, no bairro do Paraíso.

Uma 'Cidade' dentro da Cidade

Entre as múltiplas facetas que os SC apresentam, há um consenso num determinado ponto: "... técnicos, administradores e arquitetos concordam que ele é um complexo equivalente a uma cidade", sendo que no Brasil "... os *shoppings* são verdadeiras cidades intramuros, mantendo uma áspera conversação com o urbano concreto".[2]

Mas se esse dado do fechamento intramuros apresenta, numa perspectiva urbanística, uma difícil relação com a cidade (ou com o entorno), por outro lado é um dos aspectos que assegura aos SC apresentarem-se como verdadeiros contrapontos às deficiências de infraestrutura das grandes cidades, veiculando, em nível promocional, uma espécie de "imagem invertida" destas: são locais confinados, servidos por uma uniforme climatização ambiental, em que o tempo parece não passar – tanto as horas, uma vez que não há relógios,[3]

1. "Shopping Center Jardim Sul abre hoje: 15 lojas não ficaram prontas", *Folha de S. Paulo*, 1º jun. 1990, p. C-5.
2. Hugo Segawa, "Os arquitetos e os *shopping centers*". *Projeto*, São Paulo, n. 119, p. 84, mar. 1989.
3. O grande relógio do Iguatemi pode a princípio aparentar uma exceção à regra, mas se insere na lógica do espetáculo: é movido por uma sofisticada mecânica de vasos comunicantes iluminados de néon, com uma intensa troca de líquidos que marca o passar das horas.

quanto os anos, pois os materiais não se deterioram, sendo trocados antes de se deixar perceber seu envelhecimento.[4] Não há chuvas, nem calor excessivo, nem becos escuros ou ruas esburacadas. Alto-falantes fazem circular a música imediatamente reconhecível das "sedativas" trilhas de FM, num cenário de total assepsia. Atores sociais "indesejáveis", como: marreteiros, mendigos, trombadinhas, prostitutas, travestis, *gangs* rebeldes, "loucos" e mesmo "tipos exóticos", são banidos através de um rígido esquema de segurança.

Surge, portanto, no interior da cidade, uma outra "cidade em miniatura",[5] que "dialoga" com signos e características de outros espaços e instituições, recriando em seus interiores novas praças, calçadões, bulevares, alamedas de serviços, agrupamentos de lojas etc., dentro de uma nova escala e concepção. Nesse cenário de irrealidade, os frequentadores imaginam encontrar um lugar a salvo das estatísticas da violência urbana, das intempéries climáticas, dos transtornos do trânsito, das desordens da geografia urbana.

Chegamos, portanto, à interpretação de que *simbolicamente, os SC aspiram a traduzir, num espaço fechado, a utopia urbana que o capitalismo moderno não realizou para o conjunto da sociedade*: uma "cidade ideal", repleta apenas de cidadãos consumidores, sem vestígios de pobreza e deterioração, uma "cidade" onde "... o consumo é simultaneamente de mercadorias e imagens",[6] como se tudo passasse, antes de mais nada, pelo filtro e pela égide do consumo (e não da produção).[7]

O Lazer e a Busca de Sociabilidade

Mas essas imagens traduzem muito mais um conjunto de representações construídas pelos agenciadores dos SC – proprietários, planejadores, administradores, lojistas etc. – e veiculadas pela mídia em informes publicitários ou

---

4. Zied Y. Sabbagh, Tania M. O. Souza, *Shopping Center*, Campinas: FAU/PUCCAMP, 1985, p. 70 (Trabalho Interdisciplinar de Graduação).
5. A imagem de uma "cidade em miniatura" já aparece na análise de Walter Benjamin sobre as galerias parisienses do século passado; ver W. Benjamin, "Paris, capital do século XIX", in: Flávio R. Kothe (org.), *Sociologia*. São Paulo. Ática. p. 30-43 (Coleção Grandes Cientistas Sociais, 50).
6. Flora Sussekind, A lógica da vitrina. *Isto É*, São Paulo, 9/5/1986, p. 82.
7. Segundo David Harvey, os *shopping centers* são típicas instituições da "pós-modernidade" – entendida não propriamente como um movimento de ruptura com a modernidade, mas, como uma cultura de fragmentação resultante de uma nova etapa do capitalismo, marcada pela estética de imagens em constante mudança. O papel que a imagem tem desempenhado, segundo o autor, tem sido decisivo nas recentes reformas urbanas: os *shoppings* colaboram na construção de uma nova imagem que as cidades criam de si mesmas (ver entrevista com David Harvey em Anália Effron, 'La cultura de la fragmentación', *Crisis*, Buenos Aires, n. 68, março/1989, p. 44-48).

reportagens do que, propriamente, a realidade de sua apropriação por parte dos múltiplos grupos de usuários, marcada pela *diversidade*, seja com relação ao universo sociocultural, seja quanto ao tipo de uso realizado no SC.

Essa heterogeneidade de frequentadores vem se ampliando e é nítida numa cidade como São Paulo, uma vez que os SC, outrora destinados somente a grupos com alto poder aquisitivo, vêm abarcando, em sua expansão por outras regiões, grupos que antes não faziam parte da clientela usual. A ideia de um espaço elitizado vai sendo substituída pela de um espaço "interclasses".

Além disso, uma "centralidade lúdica" sobrepõe-se à "centralidade do consumo",[8] sobretudo na esfera do lazer: especialmente aos fins de semana, os SC transformam-se em cenários, onde ocorrem encontros, paqueras, "derivas", ócio, exibição, tédio, passeio, consumo simbólico. Tornam-se uma espécie de "praça interbairros" que organiza a convivência, nem sempre amena, de grupos e redes sociais, sobretudo jovens,[9] de diversos locais da cidade.

Esse uso marcado pela diversidade implica um cruzamento de significações, a começar pela própria concepção de lazer. Do ponto de vista administrativo, o lazer nos SC deve servir como atrativo para o consumo de mercadorias e serviços, para garantir a permanência prolongada e gerar "tráfego" nos corredores, mas nunca como um fim em si mesmo.[10] Mas para os frequentadores nem sempre o lazer é tão "instrumental": referimo-nos ao lazer que muitas vezes transcende ao consumo (ou que guarda com esse uma relação apenas ocasional) e também a usos do espaço que impliquem sobretudo a busca de relações com o outro, a criação de laços superficiais ou duradouros, enfim, *um lazer que se traduza na busca de sociabilidade*.

O conceito de sociabilidade aqui utilizado inspira-se, embora não de forma ortodoxa, na obra de Georg Simmel.[11] É entendido como uma espécie de jogo simbólico, forma lúdica de associação e interação, em que determinadas diferenças sociais são reelaboradas. Trata-se, portanto, de interpretar o ritmo dessas formas de relação social num campo comunicacional, construído por um conjunto cambiante de regras. Neles, grupos, redes e indivíduos

---

8. Henri Lefèbvre, *O direito à cidade*, São Paulo: Ed. Documentos, 1969, p. 120.
9. A forte frequência jovem, constatada nos levantamentos etnográficos, é confirmada em recentes levantamentos realizados pelo *DataFolha* sobre hábitos de frequência aos *shoppings* paulistanos (ver "Pesquisa aponta Center Norte e Iguatemi como *shoppings* preferidos." *Folha de S. Paulo*, 17 julho 1989, p. C-1 e A. Marchesini, "Maioria de usuários vai a *shopping* toda semana." *Folha de S. Paulo*, 20 maio 1990, p. C-3).
10. Ver mais detalhes sobre a visão empresarial em "Áreas de lazer do *shopping center*", in: *Biblioteca Técnica ABRASCE* (Associação Brasileira de *Shopping Centers*), Rio de Janeiro: 1986, p. 123-133.
11. Georg Simmel, "Sociabilidade – Um exemplo de sociologia pura ou formal", in: E. Moraes, (org.), *Sociologia* São Paulo: Ática, 1983, p. 165-181 (Coleção Grandes Cientistas Sociais, 34).

interagem, dizem coisas uns aos outros, trocam significados e elaboram sua inserção na sociedade e na cidade.

Procuramos trabalhar com esse conjunto de questões, tendo os SC como espaços privilegiados para a análise de diversas formas de sociabilidade no contexto urbano, e avaliar a amplitude desse fenômeno, do ponto de vista antropológico.[12]

Shopping Iguatemi: A Marca da Diferença

O Iguatemi, primeiro SC brasileiro, inaugurado em 1966, atinge tradicionalmente o público consumidor de maior poder aquisitivo de São Paulo. São moradores da sofisticada Zona Sul paulistana, abrangendo a região dos Jardins, do Alto de Pinheiros e cercanias. Trata-se, ainda hoje, do SC de maior faturamento por metro quadrado em todo o Brasil. Sua administração não imprime, por conta do alto poder aquisitivo de seu público, grande ênfase no lazer como atrativo para as compras. O movimento é ancorado no poder de sedução das próprias lojas, de suas vitrinas, de suas etiquetas. Encravado no centro, ao longo do eixo da Av. Faria Lima, sua paisagem circundante compõe-se de um comércio refinado, que divide ruas e alamedas com escritórios de multinacionais, clubes de elite, instituições bancárias, enfim, toda a gama de serviços exigidos por consumidores de posses.

Boa parte deste público, predominantemente feminino, responde eficazmente aos apelos a um consumo sofisticado. Na maioria das entrevistas feitas com seus frequentadores, apenas se reitera a imagem veiculada pela propaganda institucional, enfatizando exatamente o que as estratégias de *marketing* pretendem realçar. Eles tributam a "preferência" pelo SC às facilidades e comodidades oferecidas em meio às grandes campanhas promocionais. No Iguatemi, portanto, a eficiência não está apenas na venda do produto, mas encontra-se sobretudo no consumo da imagem por seus frequentadores.

Tomem-se como exemplo os depoimentos que ressaltam a facilidade de circulação, em comparação com o comércio de rua: "Olha, o *shopping* é um lugar protegido, com lojas concentradas, e que oferece todas as opções para quem está na cidade a passeio, e mesmo para quem mora em São Paulo",

12. Ver, como pano de fundo teórico, Hubert Lafont, "As turmas de jovens", in: P. Ariès, e A. Béjin (orgs.), *Sexualidades Ocidentais*, São Paulo: Brasiliense, 1985, p. 194 – 209 e Ruben G. Oliven, *A antropologia de grupos urbanos*, Petrópolis, Vozes, 1985.

comenta uma professora universitária, de 41 anos de idade. "Aqui é um ponto de referência para encontros, com várias possibilidades: cinema, café, compras etc. É um lugar aonde a gente pode vir só, numa boa, sem se sentir inibida", esclarece outra entrevistada, uma vitrinista de 27 anos.

Alguns depoimentos femininos também resgatam certo passado "áureo" da Rua Augusta, ao final dos anos 60, quando o Iguatemi era uma espécie de "extensão" dessa rua. Afirma uma frequentadora assídua do Iguatemi e do Morumbi, de 40 anos: "Antes do Iguatemi, eu estava na fase da Rua Augusta. Era também a época da paquera, né? A gente subia e descia a Augusta de carro ..." / " eu me lembro assim que, por volta de 71, eu já era casada, logo fiquei esperando filho, eu achei mais cômodo ir ao *shopping*."

Depoimentos desse tipo são bem-conhecidos dos empresários de SC. O empresário cearense Carlos Jereissati, proprietário do Iguatemi, demonstra plena consciência de que seu público é predominantemente feminino, tendo dito à imprensa, no tocante a suas técnicas de *marketing*: "Um bom *shopping* precisa conhecer a fundo a técnica de seduzir uma mulher. Este é um de nossos segredos".[13]

Nesse cenário, cujo *ethos* é a criação de um pacto seletivo excludente, o público se restringe a uma elite. Membros de outras camadas sociais também frequentam o Iguatemi, mas não chegam a criar em seu interior redes de sociabilidade nas quais se identifiquem ou se reconheçam. Há toda uma ordem interna ao SC, visando exatamente a impedir que redes como essas se formem. O sistema de segurança, sem qualquer alarde, tem por tarefa barrar a entrada de mendigos, pedintes, menores de rua etc. Sua ação não se resume aos marginalizados sociais: tem também ordem de retirar da circulação interna aqueles que se desviam do padrão de um frequentador habitual. São também alvo da ação dos seguranças os "*punks*" – ainda que o indivíduo seja de camada social abastada e adote o visual *punk* apenas como um estilo[14] – e os "vanguardistas" da moda, com roupas rasgadas ou acessórios exóticos. Os dois tipos são tão indesejáveis quanto os consumidores malvestidos de camadas populares.

Um gerente de joalheria do SC observa: "Você não vê pobre aqui dentro Tanto que os pobres vêm aqui, se sentem até meio constrangidos, porque estão malvestidos e a turma aí numa elegância total ..." / "...uma vez eu vim de *jeans*, de tênis, passei por vários clientes no horário e nem me cumprimentaram".

---

13. M. Mendes, "O próspero mundo do Iguatemi", *Veja*, São Paulo, 22 out. 1986, p. 15.
14. "*Shopping* discrimina cabelo e roupa *punk*." *Folha de S. Paulo*, 10 nov. 1987, p. A-13.

Esta rigorosa seleção de público não resulta, porém, na procura do SC apenas como um centro de consumo de bens e serviços. Há também gente em busca do consumo simbólico, e, na ausência de um naipe variado de consumidores de diversas camadas sociais, este consumo simbólico deve ser procurado nos grupos jovens. São eles que buscam o Iguatemi como centro de lazer e sociabilidade. E ainda que seus hábitos sejam perfeitamente detectados pelos censores da ordem interna, os grupos de jovens não são alvo dos esquemas de segurança, porque o Iguatemi, através deles, desenvolve uma estratégia de formação de público. Dada sua origem social privilegiada, esses grupos são, afinal de contas, futuros consumidores, que, agora, por conta de sua situação geracional, se inserem de forma apenas parcial no perfil do público alvo. Daí a manutenção de atrativos como lanchonetes, cinemas etc.

Esse público jovem já mereceu atenção da imprensa, que os batizou de "igua-*boys*". A denominação, não por acaso, ressalta o radical de Igua-temi e reforça a ideia de uma igualdade entre os membros desse público restrito e diferenciado. O nome já diz: são grupos de iguais, grupos cujos membros se extraem de uma mesma camada social, e que, portanto, parecem dividir as mesmas expectativas. Os "igua-*boys*" realizam uma iconoclastia leve, uma contestação perfeitamente aceitável aos códigos de bom gosto e elegância vigentes no interior do SC. Aderem com moderação aos delírios da moda e aos caprichos da *griffe*. E revestem o interior do SC de uma certa imagem de tolerância aos grupos que escapam ao perfil do consumidor alvo. Servem como que para uma certa "aura de democratização" que o SC precisa preservar, como símbolo de uma sociedade "moderna", "arejada" e "aberta aos novos tempos".

As redes de sociabilidade intensificam-se nos fins de semana. É quando os grupos de jovens se concentram em espaços como o corredor da "ala nova", situada no piso Faria Lima, com butiques "jovens" e "arrojadas". Ou ainda nas diversas lanchonetes do terceiro piso, abertas após a última reforma. Os grupos não se limitam às áreas comuns: chegam a marcar encontros no interior de certas lojas, como a "Hi-fi", uma concorrida loja de discos. Essas redes de sociabilidade são mapeadas facilmente pelos frequentadores habituais. Como explica uma estudante e jogadora de voleibol, de 15 anos: "O Iguatemi tem suas panelas, um grupinho aqui, outro ali. Eu vou mais com o pessoal do Clube Pinheiros. Tem um pessoal ali pelo McDonald's, tem o pessoal do Clube Hebraica, de judeus, que é difícil de chegar, tem o grupo de *darks* ... No sábado é mais movimentado, tem mais gente, é mais cheio, daí de repente você tá com um, conhece outro, fica com a turminha do outro, então vai se conhecendo mais gente."

Há, dentre os jovens, aqueles que só frequentam o SC nos fins de semana. Um estudante de 17 anos fez o seguinte comentário: "Dos cinemas de São Paulo, acho que o mais agitado é o do Iguatemi. Sei lá, é o ponto. Acho que o pessoal mais jovem, da nossa idade, costuma ir lá. Sempre quando tem lançamento de filme, essas coisas, eu vou lá porque é o lugar mais cheio mesmo, aquela bagunça, neguinho gritando no meio do filme. Acho que isto é um astral mais legal."

Durante a semana, apesar de menos intenso, também ocorre um significativo "uso jovem" do espaço. Na verdade, qualquer dia é apropriado para o simples exercício do olhar, independente mesmo de maior aproximação, tal como afirma outro estudante, de 16 anos: "Lá eu fico da livraria à loja de discos. Sei lá, é tudo espalhado, né? E me enche o saco de circular. Mas, p'ra ser claro, tem tanta mulher gostosa, que vale a pena! (risos). Pelo menos p'ra olhar vale a pena."

Um dado curioso de seletividade social é a existência de linhas regulares de micro-ônibus entre o Iguatemi e alguns condomínios fechados, tais como o "Portal do Morumbi", o conjunto residencial de "Alphaville" ou o "Casa Alta". Crianças e adolescentes, principais usuários dessas linhas, são representantes do que se poderia chamar de "geração confinada": alternam seu cotidiano entre a escola – onde também contam com esquemas de segurança e transporte por peruas ou micro-ônibus –, o SC e o próprio condomínio onde moram. Não travam praticamente nenhum contato com a rua, a esquina, o bairro ou o ônibus, salvo raras exceções.[15]

Para os jovens, o SC se marca pela formação de redes de sociabilidade, que operam com determinados padrões de seletividade e de "sofisticação". Aquele que deseja participar desses grupos precisa corresponder a determinadas expectativas, a uma certa imagem que cada um espera encontrar em si mesmo e no outro. Essa identidade coletiva se traduz nas roupas, no comportamento, na escolha do vocabulário etc. Os jovens do Iguatemi, ainda que não sejam os consumidores mais típicos do SC, constroem, assim, uma espécie de demarcação simbólica para cada grupo e assim afirmam suas diferenças socioculturais.

A última grande reforma do Iguatemi, entre 1988 e 1989, modificou um pouco essa divisão do espaço em áreas simbolicamente demarcadas. A expansão das dependências, com a inauguração de novas praças, novos

---

15. Uma interessante abordagem antropológica sobre os condomínios fechados pode ser obtida em Carlos Nelson F. dos Santos, (Coord.), *Quando a rua vira casa*, São Paulo, Ed. Projeto, 1985.

corredores e lanchonetes, trouxe um público mais diversificado, que aos poucos vem alterando a fisionomia de sua ocupação.

Foi possível, posteriormente a ela, observar um aumento de grupos frequentadores, notadamente entre os jovens, uma relativa aproximação com o padrão social de ocupação de outros SC. Um artigo publicado há dois anos na grande imprensa[16] revela um clima de briga entre *gangs* neste SC, antes verificada apenas em outros, ou seja, os que são marcados por uma grande diversidade de usuários.

A diversificação do público, no entanto, está longe de representar uma popularização desse SC. Continuam intactas as regras de seletividade impostas pela segurança, por sua arquitetura interior, pela imagem veiculada na mídia. Graças à seletividade, o Iguatemi mantém-se como um dos pontos da moda, parte de um roteiro urbano de lazer "sofisticado". O Iguatemi, no entanto, representa um caso à parte no cenário paulistano e brasileiro. A expansão de novos SC não significa que estejam se multiplicando espaços demarcados pelo mesmo patamar de sofisticação e de padrão de consumo. Dada a sua peculiaridade, este SC representa um caso à parte em relação ao modelo que se pode observar na comparação com os demais.

Center Norte: O Novo 'Centro' da Cidade

Inaugurado em 1984, o Center Norte foi o primeiro grande SC a ter um apelo popular eficiente. Transformou hábitos de consumo e de lazer de boa parte da população da Zona Norte paulistana, abarcando um grande público da imensa Zona Leste e de vários municípios da Grande São Paulo. É atualmente o SC com maior volume de frequência e faturamento global em todo o Brasil.

Além de uma complexa estrutura de consumo, o Center Norte possui diversas opções de lazer. Está localizado no cruzamento da Avenida Marginal Tietê com a linha norte-sul do metrô, junto à Estação e Terminal Rodoviário Tietê. É servido por vasta rede de transporte coletivo, fator essencial para milhares de consumidores, visto que boa parte dos frequentadores não tem meios próprios de transporte. O Center Norte parece uma ilha, em meio à paisagem urbana circundante, repleta de indústrias, imensos depósitos e grandes supermercados, às margens do rio mais poluído da cidade.

16. Ver J. Camargo, "Brigas de *gangs* tumultuam sábado o Iguatemi" *Folha de S. Paulo*, 8 out. 1989, p. D-3.

Quando foi inaugurado, o Center Norte tomou por desafio mostrar-se viável aos lojistas e empresários que se haviam recusado a participar do investimento, apostando no fracasso da empreitada. Até então a palavra *shopping center* parecia sinônimo de consumo sofisticado, de consumidores de alto poder aquisitivo.

Um proprietário de lojas situadas em quatro SC diferentes afirma: "Quem estava no Ibirapuera e foi para o Eldorado e para o Morumbi se machucou um pouco no começo. Quando veio o Center Norte o pessoal não acreditou. Hoje é comum você encontrar um colega (lojista) que diz: "Mas eu tinha loja, eu podia ter feito um bom negócio, uma área boa, eu não acreditei, eu me arrependo amargamente de não ter ido para o Center Norte."

Afinal, num SC o investidor não arca apenas com os custos de seu negócio. Há toda uma infraestrutura sustentada pelos lojistas, desde manutenção, limpeza, até a propaganda. Em um SC, portanto, o comércio exige necessariamente um investimento muito mais elevado do que em lojas de rua. Há uma espécie de "custo social", necessária à manutenção de uma infraestrutura urbana paralela, que incide sobre o preço do produto. Daí a conclusão de que SC e público de alto poder aquisitivo seriam parceiros inevitáveis.

O Center Norte levantou-se contra essa lógica e iniciou uma nova etapa na história dos SC brasileiros. Em pouco tempo reverteu a descrença generalizada quanto à viabilidade do projeto. Como foi possível isso? Ao contrário dos outros SC, que buscavam uma imagem de sofisticação e diferença, o Center Norte investiu firmemente em uma estratégia de *marketing* consubstanciada no *slogan* "um *shopping* para todos". Buscou inclusive atrativos de grande penetração popular evitados por outros SC, tais como transmissões pelo rádio de jogos de futebol.

Além disso, há diferenças marcantes na própria concepção de um SC. No Center Norte, o SC é o carro-chefe de um empreendimento muito maior, que envolve um hipermercado à parte, outro SC contíguo especializado em móveis e decorações, uma praça ao ar livre para eventos culturais e esportivos. Abrange ainda a construção de um polo atacadista, nos moldes do CEASA. Trata-se, portanto, de uma área gigantesca, cujos terrenos foram sendo adquiridos ao longo de 40 anos, sendo possível mesmo que parte da construção tenha sido feita em terras públicas, conforme denúncia de Luiza Erundina, prefeita eleita de São Paulo, no final de 1988.[17]

---

17. "*Shoppings* invadem áreas, diz Erundina." *Folha de S. Paulo*, 27 nov. 1988, p. C-1.

As diferenças não se resumem à situação geográfica; também em sua concepção de interior, o Center Norte tem características especiais. O projeto arquitetônico incorporou signos presentes no centro tradicional. Assim, por exemplo, no Center Norte existem calçadões, quiosques, pequenos balcões e corredores externos que reproduzem o pequeno comércio próximo às estações e terminais rodoviários. Elementos de uma paisagem urbana foram reciclados e arrumados numa nova síntese, como se presidisse o intuito de se criar um novo centro para a cidade, mais familiar aos moradores da Zona Norte. Seu *slogan*, aliás, é exatamente esse: "Center Norte, o novo centro de São Paulo". Retoma-se aqui a ideia de uma simulação urbana, da criação de um centro destituído de miséria, de marginalidade, poluição e deterioração, que o centro tradicional só evidencia. Daí seu êxito em conquistar outras faixas de consumidores.

O resgate de um passado idealizado já se delineava no projeto de Center Norte, como afirmou seu proprietário, Curt O. Baumgart: "Eu sonhava com a São Paulo dos anos 40. Civilizada, limpa, arrumada, sem poluição visual, mau cheiro e mendicância, longe da deterioração que a envolve nos dias de hoje".[18]

Ainda segundo Baumgart, a falta de opções de lazer foi um dos fatores levados em conta no projeto original: "A metade do *shopping*, hoje em dia, é equipamento social. O construtor precisa prever isso, pois se trata de uma área de lazer, de *footing*, que a cidade grande não oferece."[19]

O perfil dos frequentadores do Center Norte vai das camadas médias às populares. É um público com hábitos bastante distintos do que frequenta o Iguatemi. Faz compras de menor valor, mais adequadas às suas possibilidades, e ainda recorre muitas vezes, como alternativa, ao comércio tradicional das ruas. Aos fins de semana, famílias inteiras circulam pelas dependências; turmas de jovens ocupam significativamente o espaço, diferenciando-se marcadamente pelo tipo de roupa e outros adereços – de um lado os *punks*, de outro, os *heavy-metals*, e ainda os *office-boys*, as *gangs* de motos e outros grupos mais.

"Aqui é o *shopping* do povão, pela população que vem aqui e pelo tipo de mercadoria vendida", diz um funcionário de loja, de 25 anos. Comenta uma frequentadora do Iguatemi e do Morumbi, de 40 anos: "Num sábado desses, eu fiquei em São Paulo e falei: 'Vamos lá conhecer o Center Norte...' Mas tinha um acúmulo de gente! Eu fiquei maluca! É um pessoal que compra que não é brincadeira, uma loucura!"

---

18. C. Melo, "*Shopping Centers*/O bom negócio dos bazares." *Construção*, São Paulo, 29/06/1987, p. 6.
19. C. Taquari, "*Shopping* é uma festa. E a festa vende." *O Estado de S. Paulo*, 9 nov. 1986, p. 38.

A imagem veiculada pela propaganda é referendada pela maioria dos frequentadores. Uma senhora de Itararé, no interior de São Paulo, assim se referiu ao Center Norte: "Este *shopping* é bem de gente do interior, mais simples. Para eu ficar em outros *shoppings* aqui de São Paulo eu precisaria estar melhor vestida..." Um estudante de 15 anos, assíduo frequentador, afirma que: "tem muita diferença entre o Center Norte e os outros (...) o diálogo também é diferente: é difícil encontrar lá (nos *shoppings* da Zona Sul) com garota que fala muita gíria, e a gente que é do lado de cá (ou seja, da Zona Norte) fala muita gíria, é pessoal assim mais plebe".

Os jovens, em grande maioria, não se incluem no circuito de consumo de mercadorias mais caras. Só fazem pequenos gastos com cinema, lanchonete etc. São grupos que apontam para uma apropriação mais socializada do espaço, especialmente nas noites de sexta-feira e sábado. É quando o Center Norte se torna uma espécie de praça interbairros, para onde confluem grupos de partes diferentes da cidade, tanto da Zona Norte como da Zona Leste. Marcadas pela diversidade, as turmas disputam a geografia interna do SC; mais que um local de consumo, o Center Norte transforma-se, na ótica desses frequentadores, numa espécie de cenário urbano moderno, contraposto à atmosfera restrita e sufocante do bairro, da escola, do centro da cidade. O SC dá acesso simbólico a um espaço urbano marcado pela modernização.

A disputa interna entre os grupos cria territórios específicos para cada um, em geral em torno de uma certa atividade de lazer: do cinema ao fliperama, da lanchonete ao bar. Estes grupos de jovens, aliás, circulam pelo SC de forma bem diferente dos consumidores propriamente ditos: ao invés das vitrinas, preferem observar os transeuntes. Fazem percursos como que à deriva, olhar atento à busca de encontros e propensos a leves transgressões grupais. Na linguagem de vários grupos de jovens, o SC é definido como um lugar de "zoar".

"Eu venho bastante aqui, porque é um lugar gostoso, tem muita gente de fora, de outras regiões, e eu procuro o meu pessoal aqui de vez em quando", diz um *office-boy* de 16 anos. "Venho todos os sábados conversar, encontrar o pessoal, fazer rodinha. Nós formamos um grupo de mais ou menos umas 20 pessoas", confirma uma estudante da mesma idade.

A frequência do SC, porém, não impede que haja um rígido sistema de segurança, dedicado inclusive a disciplinar os costumes dos frequentadores habituais. "Quando a gente está em grupo e entra todo mundo no banheiro, entra guarda também. Aí eles ficam só olhando para ver se você não vai 'zoar' no banheiro, se você não vai escrever na porta, jogar papel, molhar o banheiro", avisa um estudante de 15 anos, devidamente enturmado. Outro estudante, um ano mais velho, acrescenta: "A gente sentava no chão, escorregava, bagunçava, dormia até lá. Tinha vez que estava com sono, não estava com vontade de ir para a escola, se ficasse em casa a mãe não deixava, então ia pro *shopping*, ficava encostado no banco e dormia."

Esses grupos são habitualmente "flagrados" em leves transgressões, como ocorreu com uma turma que rabiscava o banco de uma lanchonete: "... o segurança do McDonald's chegou e viu, daí chamou o 'Xerife Lobo', esse que pegou a gente na outra vez. Ele veio e disse: 'Vocês de novo aqui, vocês não têm jeito!' Só que desta vez ele pegou o D. e fez ele limpar todos os bancos. Uma baciazinha na mão, um paninho, foi limpando tudo..." conta um estudante que participou do episódio.

Muitos jovens empregados do Center Norte reafirmam a importância dos jogos de sociabilidade desenvolvidos no local, vendo a esfera do consumo como algo secundário ou inalcançável. "Eu trabalho aqui no *shopping* de balconista, lá no Village. E também venho aos domingos à tarde, fico perto do cinema ou do parque, pra ganhar as meninas", diz um vendedor de 21 anos. Um funcionário particular da segurança das lojas Wrangler diz: "... comprar lá no Center Norte não dá, porque lá é onde tem mais etiquetas, roupas mais caras, então aquilo para mim é só uma vitrina...".

Entre os jovens frequentadores, especialmente os rapazes, muitos conhecem bem a geografia das "ruas", ou por lazer ou por obrigação profissional, como é o caso dos *office-boys*. São personagens da modernidade urbana, que trafegam durante a semana por diversos territórios da cidade e aos sábados e domingos preferem os SC. Esta aliás é a marca da juventude que transita no Center Norte: sua opção pelo SC não se dá necessariamente por exclusão ao uso das ruas.

Muitas vezes, o corpo de segurança do Center Norte acaba por interpor limites ao tipo de apropriação feita por esses grupos, evitando "badernas" e "arruaças" em lojas, lanchonetes, banheiros e corredores. São transgressões leves, porque podem, no máximo, culminar numa briga de grupos, resolvidas em geral nos estacionamentos. Esses são vistos, aliás, como o espaço que mais se aproxima da "rua". Nesses casos nota-se uma ação mais incisiva do serviço de segurança, que chega mesmo em alguns casos a aplicar advertências e humilhações aos infratores. Isso difere, por exemplo, da ação organizada de pequenos grupos que furtam em supermercados ou lojas de departamento, num risco calculado que nada tem do típico companheirismo juvenil.

Em casos como aquele, ocorre na verdade uma espécie de "negociação" de espaço entre os grupos de frequentadores e a segurança – que se volta muitas vezes contra os próprios usuários. Nesta "negociação" cotidiana define-se o que vai ser tolerado e o que vai ser reprimido. Ela resulta, deste modo, do cruzamento entre a destinação privada e seletiva da instituição e o amplo acesso público, marcado pela diversidade. A prática do "zoar" e seus derivativos revela uma forma de testar as possibilidades de ocupação do espaço, na tentativa de delimitar as áreas em que atua a segurança.

Redes de Relações em outros *Shoppings*

Na época da pesquisa, o Morumbi Shopping também revelou, aos domingos, uma forma surpreendente de apropriação social. Próximo à Marginal do rio Pinheiros e à Av. Luís Carlos Berrini – um novo polo financeiro e importante eixo de expansão urbana – esse SC abrange um público diferenciado. Ele inclui a região do Morumbi, parte de Santo Amaro e Ibirapuera e também atrai moradores mais próximos, oriundos de bairros de classe média, como o Brooklin Paulista, ou de perfil mais popular, como Vila Cordeiro.

No caso, é surpreendente a diferença de público durante a semana (poder aquisitivo elevado, embora inferior ao do Iguatemi) e nos fins de semana, quando é tomado por turmas de jovens de camadas populares. Ao contrário dos jovens com maior poder aquisitivo, que fazem um uso mais individualizado dos cinemas, lanchonetes e dos equipamentos de lazer mais caros (boliches, por exemplo), os de camadas populares circulam em pequenos grupos e aglutinam-se sobretudo em torno da pista de patinação, equipamento que permite contatos fortuitos, aproximações casuais, além da gozação e escárnio dos desajeitados nos patins.

Um frequentador de uma dessas turmas, de 17 anos, que ganha a vida como artesão, mas com pretensão a tornar-se cantor, conta o seguinte: "Tem essa turma que vai todo o fim de semana. Não muda, porque não tem outras pistas aqui em São Paulo. O pessoal vem pra curtir a pista, sabe patinar. Eles acham que é uma forma fácil de ganhar as meninas e tal. Todo mundo gosta de gelo, entendeu? Quando tem grana, vem, patina; se não tem, vem, empresta um do outro, então todo santo fim de semana a turma está aí (...) acho que 30% dessa rapaziada, eles gostam de ficar bem trajados, mas de repente eles ganham só pra comprar tal roupa, pra ir no *shopping* daquele jeito."

As redes de relações evidenciam-se nas regras de admissão para cada grupo, nas formas de ajuda mútua, como empréstimo de dinheiro, e nas alianças para enfrentar conflitos inevitáveis. Aí se incluem as brigas com a equipe de segurança ou com jovens mais ricos – envolvendo muitas vezes a "paquera" ou mesmo a tentativa de aproximação (proibida) de alguma garota de outro "bando" qualquer. Às vezes as brigas envolvem os "malandros" ou "cricas", ou ainda "bombetas", nomes dados aos jovens pobres que não disfarçam sua origem social com roupas "da moda" e que tentam se impor no local, encenando uma certa malandragem, com ginga de corpo, e praticando pequenos furtos.

Portanto, esses jovens mantêm entre si fortes vínculos de sociabilidade, tornando-se atores privilegiados do *shopping center*, ao menos, nos horários de lazer. Contrabalançam assim a falta de dinheiro com uma ocupação ágil e esperta do espaço.

Os outros SC de São Paulo também dão mostra de formas de apropriação social rica e diversificada. Há alguns mais antigos, como o Ibirapuera, cujo estacionamento externo e arredores chegou a ser intensamente ocupado por jovens "amantes do sol e da natureza", tendo sido mesmo batizado de "a praia de Moema", em referência ao bairro em que se situa. Tal utilização da área externa originou, aliás, a formação em seu interior de grupos *darks*, adeptos de uma estética soturna e totalmente contraposta aos jovens da "praia".[20] As galerias do Center 3, no cruzamento da Av. Paulista com a Rua Augusta, são estrategicamente utilizadas por homossexuais. Principalmente durante a saída e entrada do público nas sessões de cinema, eles praticam "flertes", com aproximações e contatos discretos "sem dar bandeira". Usam muitas vezes o sanitário do *shopping* como "território de confirmação" de um acordo amoroso, longe do olhar do segurança, dali partindo para outros pontos da cidade.[21] O Mappin ABC, em Santo André, teve as quadras esportivas de seu pátio superior utilizadas durante certo tempo por inúmeros grupos de jovens em fins de semana, sobretudo por "skatistas" da famosa pista de São Bernardo do Campo, que rumavam para o SC, quando chovia. Recentemente, esse pátio virou um grande estacionamento. O Interlagos, logo após sua inauguração, constituiu um caso típico de apropriação social por jovens de perfil popular. Começou a ser frequentado por moradores da periferia da Zona Sul de São

20. Observação baseada em relato de Wilson Ribeiro dos Santos Jr.
21. Consideração baseada em depoimento de Luiz Ramirez, que pesquisou a sociabilidade homossexual em São Paulo em um estudo preparado para o Programa de Pós-Graduação em Antropologia Social do Museu Nacional do Rio de Janeiro.

Paulo, até passar a receber, mais recentemente, gente de outras regiões. Finalmente, o Shopping Paulista, herdeiro do antigo dinamismo da Loja Sears, no bairro do Paraíso, mostra forte "permeabilidade social" com o entorno, havendo uma grande diversidade de grupos e uma curiosa "apropriação étnica" por parte de descendentes de japoneses, coreanos e nacionalidades afins.

Conflitos entre adolescentes e administração de SC não são, entretanto, exclusividade brasileira. A revista *Shopping Centers Today*[22] dedicou recentemente uma ampla matéria a respeito, envolvendo vários *shoppings* norte-americanos. Ela revela que há desde SC tolerantes com a grande quantidade de *gangs*, até aqueles que vêm adotando medidas repressivas, tais como a expulsão de jovens infratores pelo prazo de um ano. Para garantir a punição, o jovem tem sua foto exposta no escritório do serviço de segurança. Outras restrições são também comentadas: entrada somente se acompanhado de parentes; limitação dos grupos de jovens em até cinco componentes; proibição na identificação de *gangs*, de cores e símbolos, ocupação das mesas de lanchonetes limitada ao máximo de 15 minutos etc.

As condutas administrativas oscilam, no caso, entre a adoção de um código ou conjunto de proibições (justificadas sobretudo por um hipotético constrangimento causado por esses grupos aos consumidores adultos e suas famílias), e certo cuidado e tolerância, uma vez que boa parte desses jovens constitui o futuro público consumidor desses locais.

Contudo nos EUA a contradição existente no fato de o SC ser um espaço de acesso público, mas regido por regras privadas não se observa apenas com relação a seu uso por adolescentes. Outros grupos organizados da sociedade civil vêm tentando utilizar os *malls* como espaço de livre expressão política. Isso traz à tona a questão do exercício da cidadania nesses locais, lutando-se inclusive para que ele seja previsto em lei. O *International Council of Shopping Centers* contra-argumenta a esse respeito, insistindo no fato de que o uso dos SC como espaço de práticas políticas não traduziria o desejo da maioria de consumidores, sendo previsível a diminuição de frequência e prejuízo para os lojistas. A máxima concessão admitida seria deixar a critério de cada SC a decisão de ceder ou não suas dependências para esse tipo de uso.[23]

Outros estudos[24] ampliam o universo aqui apresentado, apontando para uma ainda maior riqueza de significados.

---

22. Heidi Gralla, "The teen factor", *Shopping Centers Today*, New York, p. 1, 19-20, jul. 1990.
23. "The public access debate in New York", *Shopping Centers Today*, New York, p. 23, sep. 1990.
24. Ver os textos de Celina B. Lemos e Tânia T. Rossari, nesta coletânea.

(In) Conclusões

Assim, os SC, entre os vários centros de consumo e lazer da metrópole, constituem espaços privilegiados para análise da sociabilidade no contexto urbano. Transcendendo a esfera do consumo, para a qual são basicamente destinados, os SC, do ponto de vista dos múltiplos usuários que acaba atraindo, constituem espaços comunicacionais, onde se definem e redefinem simbolicamente diferenças socioculturais.

Sua expansão vem interferindo decisivamente nas formas tradicionais de lazer e sociabilidade. Além disso, não são mais ocupados apenas por grupos das elites ou de camadas médias. Incluem também membros das camadas populares, moradores de regiões periféricas, turmas de *office-boys* e outras, principalmente à medida que se expandem em número pelas metrópoles e cidades de médio porte.

Sendo sínteses refratárias dos modelos norte-americanos e europeus, os SC brasileiros merecem reflexão mais sistemática quanto a seu impacto na trama do urbano. Do ponto de vista antropológico, fornecem farto material para investigação, como condensadores de padrões de consumo e de socialização. Os SC abrem várias sendas para reflexão, uma vez que são emblemas de modernidade, temática desafiante em nosso País. Mesmo a simples conclusão de que eles constituem "a nova praça de compras, encontros e convivência" pode e deve ser mais bem discutida.

Os SC norte-americanos, criados por ocasião do último pós-guerra, também foram apresentados na época como verdadeiros remédios para males urbanos. O sociólogo Russell Jacoby frisa que o arquiteto austríaco Victor Gruen – projetista e construtor de centros comerciais e reformador idealista da época – "... ensinou aos construtores de centros comerciais que 'nossas novas cidades de compra' podem 'preencher um vazio existencial', proporcionando uma 'comunidade' ou uma nova versão das antigas praças e mercados da cidade. Gruen ficou rico, e sua firma, a Victor Gruen & Associados, tornou-se, e ainda permanece, uma importante construtora de centros comerciais. Mas a realidade desses centros nunca se aproximou de sua ideia original".[25]

Portanto, já é velha a discutível ideia de que os SC sejam verdadeiros contrapontos aos males urbanos, mas no Brasil, ela se articula como um discurso novo. É falsa justamente porque espaços controlados, confinados e seletivos como os SC – ainda que permeáveis a outros grupos e a usos diversos

25. Russell Jacoby, *Os últimos intelectuais*, São Paulo: Edusp/Trajetória Cultural, 1990, p. 58.

– jamais poderão resgatar plenamente o dinamismo das ruas e praças: vivas, imprevisíveis, heterogêneas e realmente públicas.

Ao invés de se buscarem referências e justificativas num "passado perdido", imaginando-se os SC como versões modernas de "praças" ou "comunidades", talvez seja mais fecundo equacionar claramente os novos hábitos de consumo, lazer e sociabilidade derivados da modernização brasileira, da qual os SC fazem parte, e resgatar nessa análise sentidos de modernidade que ainda não se realizaram.

No caso dos SC, a atual tendência de isolamento da cidade ou da realidade social talvez pudesse ser compensada por uma integração mais dinâmica com as mesmas. Isso ocorre ainda tímida e esparsamente em alguns SC brasileiros, mas já é mais constante em outros países. Por exemplo: agenciamentos de espaços culturais, programação de eventos, cursos ou atividades de real interesse dos frequentadores. Podem às vezes constituir atuação conjunta com o poder público, visando à melhoria da qualidade de vida da cidade. Tais iniciativas – se intensificadas – avançariam num papel social, cultural e público mais articulado com demandas da sociedade.

Obviamente tais intervenções também comportam limites e riscos. Haveria espaço para promoções, que em última instância não fossem simples indução ao consumo? Mas, por outro lado, aceitando que assim fosse, tal pessimismo prévio não implicaria o desperdício de uma possibilidade experimental a ser testada? São questões a discutir. De todo modo, é preciso evitar posições ingênuas ou idealizadas a respeito do dinamismo cultural que os SC possam vir a estabelecer.

Nada até o momento indica que no Brasil os SC venham se articulando com a sociedade civil, ou com o poder público, para se converterem em espaços orientados, não só para o consumo, mas também, para uma plena sociabilidade e para a cultura. Isso dependeria tanto da iniciativa dos agentes privados, quanto das complexas relações que os sujeitos envolvidos no processo travam entre si.

Talvez um dos sentidos de modernidade não esteja propriamente numa *"cidade ideal intramuros"*, mas numa instituição que se integre de forma mais permeável à *cidade real*, onde a esfera do consumo esteja mais relacionada com a esfera da cidadania.

5 O Shopping Center como Espaço Público na Experiência Urbana de Belo Horizonte

Celina Borges Lemos*

Introdução

Principalmente nas últimas décadas, a implementação de *shoppings* vem se ampliando nas cidades brasileiras de porte médio e grande. Como espaço alternativo de consumo, os *shopping centers* adquirem a cada dia maior expressão no contexto urbano. Belo Horizonte, objeto deste estudo, tem na proliferação de SC um dos indicativos da sua consolidação como centro cosmopolita.

O tema principal deste ensaio é o SC como opção de consumo e lazer no contexto urbano de Belo Horizonte. Ao mesmo tempo em que a capital mineira hoje centraliza atividades em nível regional, sua dinâmica econômica está estruturada em centros primários e secundários.

Este estudo analisa a articulação do SC com o urbano na composição das cidades capitalistas. Além de captar a tensão existente entre esses polos, analisa os espaços de sociabilidade e suas características. Como último ponto, o

* Arquiteta. Doutoranda em Cultura e Política no Instituto de Filosofia e Ciências Humanas da Universidade Estadual de Campinas, Estado de São Paulo (IFCH/UNICAMP).

trabalho recupera algumas formas de sociabilidade de um grupo de jovens que faz do SC um ponto de encontro.

O Centro como Espaço-Síntese das Transformações Urbanas

De acordo com Ledrut, nas grandes metrópoles capitalistas existem setores que são privilegiados e conjugam movimentos de interação internos e externos. Estes locais, onde se concentram funções setorizadas, são os chamados *centros urbanos*. O principal papel exercido por eles está relacionado com a concentração de serviços, conformando um setor multifuncional ao longo do seu espaço.[1] Assim o centro urbano, ao reunir essa multiplicidade de funções, pode ser concebido como o *locus* da produção de serviços de consumo e de circulação.[2] Esses serviços correspondem a áreas urbanas de alta renda, objeto de preferências locacionais. Quanto mais concentrada a área ou o centro, mais diversificados os serviços que oferece e mais heterogêneo seu espaço social e mais valorizado seu solo.[3]

Na evolução urbana, os centros, ao se constituírem, formam polos descontínuos no espaço. Sendo o policentrismo próprio da cidade expandida e desenvolvida, os vários centros existentes no seu espaço adquirem importância desigual, de acordo com as funções e atividades exercidas na rede urbana. Como afirma Ledrut, "quando um centro multifuncional exerce funções que permitem trocas numerosas, que interessam frequentemente a inúmeras pessoas, torna-se polo dominante da existência coletiva e merece bem o nome de centro primário".[4]

O centro tradicional de Belo Horizonte é considerado, desde a fundação da cidade, em 1897, um centro de primazia. Nesse sentido, exerce atividades raras no contexto urbano, tanto em nível econômico como em nível sociocultural. Como *locus* privilegiado, onde múltiplas atividades acontecem ao mesmo tempo, o centro pode ser considerado o lugar do intercâmbio econômico,

---

1. R. Ledrut, *Sociologia Urbana*, Rio de janeiro: Forence, 1971, p. 136.
2. De acordo com Singer, é o fenômeno da terciarização que dá sentido à aglomeração, que se encontra em áreas de mercado, com base na fricção espacial. Ver: Paul Singer, "Economia dos Serviços", *Estudo CEBRAP*, Petrópolis: nº 24, 1980; Maurício B. Lemos, *Espaço e Capital: um estudo sobre a dinâmica Centro-Periferia*, Campinas, 1988, Tese (Doutorado) – Instituto de Economia, UNICAMP.
3. Celina B. Lemos, *Determinações do Espaço Urbano: A Evolução Econômica Urbanística e Simbólica do Centro de Belo Horizonte*, Belo Horizonte, 1988, Dissertação (Mestrado), Universidade Federal de Minas Gerais.
4. R. Ledrut, op. cit. p. 136.

assim como espaço da vida simbólica e do lazer.[5] Essas funções reservam a ela um papel preponderante com relação aos outros centros e ao urbano de um modo geral, no condicionamento da vida cotidiana.

As atividades-intercâmbio desenvolvem-se com base nos processos de produção e consumo, sendo que os serviços concentram-se em maior número no centro tradicional. Seu espaço encontra-se quase todo verticalizado e os serviços nele distribuídos alcançam um alto grau de complexidade, generalidade e diversidade.[6] A complexidade diz respeito à sofisticação dos bens e serviços, proporcionando uma centralidade singular no contexto urbano. A diversidade qualifica o centro como o palco das diferenças, representadas nos rituais de consumo. Aqui, o fundamental é a troca, através da qual "homens, objetos, valores e dádivas são trocados, adquiridos e retribuídos".[7] O centro tradicional está estruturado na superposição de funções: como as de moradia, comércio, serviços de representação e financeiros. Tal versatilidade gera a sua diversificação, que alcança a generalidade, devido à prestação de alguns serviços raros. Analisando o grau de generalidade que um serviço possa apresentar, Ledrut aponta: "em razão da distância maior de onde provêm os cidadãos que dela se utilizam (dimensão espacial) e da menor frequência com que o fazem (dimensão temporal), quer dizer que o serviço prestado é mais raro e especializado".[8]

Nessa medida, o centro desempenha, simultaneamente, uma função de integração material e simbólica, espaço que abriga um sistema diferenciado de relações sociais e econômicas dotadas de significação. Como elemento integrador, dinamiza os intercâmbios e coordena atividades descentralizadas, colocando-se como centro de decisão – instância máxima dos negócios.[9]

Com relação ao simbólico, o centro tem sua sociabilidade alimentada pelo que se poderia, à falta de outra expressão, chamar de "inconsciente urbano". Através da multiplicidade de signos, informações, imagens, adquire o caráter de centralidade. Sua arquitetura, suas vias e passagens, sua paisagem aparecem como suportes de um intenso simbolismo; o espaço construído cria e é criado pela sociabilidade vivida como experiência coletiva.[10] Observando os usos atuais do centro, constata-se que ele vem perdendo gradativamente a caracte-

5. M. Castells, *Problemas de Investigação em Sociologia Urbana*, Lisboa: Presença, 1979.
6. Celina B. Lemos, op. cit.
7. E. P. G. Rocha, *Magia e Capitalismo*, São Paulo: Brasiliense, 1985, p. 67.
8. R. Ledrut, op. cit., p. 134.
9. Todas essas constatações foram baseadas na pesquisa e análise dos dados sobre o estudo do centro tradicional de Belo Horizonte. Ver: Celina B. Lemos, op. cit.
10. M. Maffesoli, *A Conquista do Presente*, Rio de Janeiro: Rocco, 1984.

rística de lugar de encontro e lazer. O congestionamento de pessoas, o intenso tráfego e a saturação de imagens dificultam a *flânerie* pelo centro. Logo, o olhar e admirar objetos, mercadorias, a contemplação da paisagem e o "encontro" de pessoas cedem lugar à intensa velocidade de circulação, que faz do centro um *lugar de passagem*.[11]

Esse quadro vem se ratificando ao longo das últimas décadas, sinal de que o crescimento e o desenvolvimento de Belo Horizonte não vêm sendo planejados. No final da década de 60, o centro perdeu boa parcela da população de médio e alto poder aquisitivo; com isso, grande parte do comércio sofisticado deixou o centro, em busca de locais mais agradáveis e de fácil acesso.

Sendo hoje considerado o principal espaço de negócios, o centro tradicional convive com centros alternativos, que surgiram não só de suas carências, mas também da dinâmica própria das metrópoles capitalistas. Entre os vários vetores de desenvolvimento de Belo Horizonte, a Savassi,[12] pode ser considerada o principal centro alternativo de consumo da cidade. Enquanto o centro tradicional, na década de 70, apresentava um quadro de saturação e deterioração, a Savassi surgia para complementar e concorrer com o centro. Foi o empreendimento que uniu grande capital econômico e simbólico. Às vantagens de fácil acesso e grande área reservada para expansão, juntou-se o *status* de seus habitantes tradicionais, razões de ser de sua consolidação.

Já na década de 80, enquanto o centro apresentava um tipo de ocupação diversificada e heterogênea, atraindo várias categorias sociais, afirmando-se como espaço-síntese de Belo Horizonte, a Savassi construía um outro perfil de público. Uma reestruturação do seu espaço, impulsionada pela legislação urbanística, levou à diversificação de serviços. Em grande parte, trata-se de consumo sofisticado, voltado para os grupos privilegiados que abandonaram o centro.[13] Além de estabelecimentos de consumo sofisticado, os espaços e passagens permitem o fácil percurso e a contemplação. Assim, a Savassi passa a exercer o papel que o centro tradicional teve no passado, formando "um território de transição entre a sociabilidade do passado, contido em suas vitrinas, e a referência ao futuro, expressa no interior das galerias".[14] Em termos

11. Celina B. Lemos, op. cit.
12. Área situada no bairro de Funcionários, na Zona Sul de Belo Horizonte.
13. Para maiores detalhes sobre o crescimento da Savassi, ver: Celina B. Lemos, *Savassi: A Consolidação de um Centro Urbano*, Belo Horizonte: EAUFMG, 1985. (Monografia do curso de Especialização em Urbanismo).
14. Celina B. Lemos e M. C. Albano, O *Consumo como forma de Sociabilidade e Lazer nos Centros Urbanos Contemporâneos*, Caxambu: ANPOCS, 1989.

do vetor de expansão de atividades voltadas para grupos privilegiados, a Savassi preparou o caminho para a cristalização e legitimação do BH Shopping.

Já no final da década de 80, a Savassi, como réplica do centro tradicional, começa também a apresentar problemas de saturação e conurbação. Como lugar disponível para a expansão vertical, a Savassi apresenta, assim como o centro, um predomínio dos serviços de representação e de atividades financeiras, em detrimento das atividades de comércio e moradia.[15] Inserida no processo de concentração e verticalização, os espaços da Savassi tendem a saturar-se, perdendo qualidade ambiental e urbana. Da mesma forma que no centro, o poder público, ao invés de controlar e planejar a expansão, acabou estimulando o desenvolvimento desenfreado. Castells considera que "toda estrutura física pode se manter, se houver uma política, tanto pública quanto privada, de conservação dessas estruturas, e se não se manteve, é porque os interesses políticos e os interesses econômicos subjacentes não representam um estímulo suficiente para a manutenção física das estruturas".[16] No caso do crescimento e saturação do centro tradicional, este processo se deu a partir da destruição/renovação, sem preservação da sua estrutura e do patrimônio urbano. O quadro da Savassi não é diferente, mas ainda não atingiu a saturação do centro.[17] Enquanto a Savassi vivencia esses impasses, a implantação de *shopping centers* (SC) em Belo Horizonte pode ser vista no contexto de um debate acerca de como resolver a expansão e concentração dos serviços de comércio em geral, ao lado das atividades de lazer, que a cada dia estão mais rarefeitas no contexto urbano.

Os *Shoppings* na Redefinição da Experiência Urbana

O primeiro SC inaugurado em Belo Horizonte, em 1979, foi implantado no vetor sul da cidade. Tinha o objetivo de atender aos variados grupos de médio e alto poder aquisitivo. Como *locus* especializado no consumo de

---

15. Pode-se notar que, em termos numéricos, praticamente os serviços de moradia não se verticalizam na Savassi, deixando o seu espaço disponível para o comércio e demais serviços, como os de representação e financeiros. Ver: Celina B. Lemos, op. cit.
16. M. Castells, "A Intervenção Administrativa nos Grandes Centros Urbanos", *Espaço e Debates*, São Paulo, v. 2, n. 6, p. 68, 1982.
17. Nos últimos anos, o crescimento e possível perda da qualidade ambiental tem sido motivo de preocupação do poder público e do poder privado. Este último criou a Fundação Pró-Savassi, cujo objetivo é não só promover o comércio bem como, minorar prejuízos advindos do seu crescimento.

mercadorias, pretendeu atrair o público que frequenta a Savassi. Já no início da década de 80, o SC passou a reunir atividades de consumo e lazer.

Com relação à localização do BH Shopping (fora da área urbana adensada), pode-se registrar que a escolha segue a tendência do urbanismo progressista moderno, que, inadvertidamente, promove a atomização e a descentralização de atividades.[18] Nesse sentido, sua construção corresponde, em termos globais, à homogeneização do espaço, onde se desenvolve uma atividade particular ou de "função única", estando atomizado no urbano. Derivado da descentralização da cidade, o SC nada mais é do que a "celebração da comunidade territorial contra os males do urbanismo".[19] Assim, uma das razões da proliferação de SC é a aspiração a uma vida isolada. Na medida em que há um controle de entrada e saída de pessoas e uma localização privilegiada, a localização de um SC em uma área assim exclusiva, põe em questão o sentido da vida pública, entendida como comunidade de iguais. Sua atomização no contexto da descentralização e diversidade urbanas imprime ao SC uma distinção no espaço e nas representações a seu respeito.

Segundo Sennet, a homogeneização do espaço atomizado tem origem no projeto de remodelação urbanística de Paris, realizada por Haussmann, a partir de 1853. Sua proposta de intervenção deu prioridade ao traçado de grandes vias, tomando em conta seus potenciais perspéticos. Além da racionalização dessas, Haussmann criou a especialização de setores urbanos, como o de negócios, o de comércio e o de moradia. Essa atomização funcional teve também caráter sociopolítico, uma vez que chegou a propor a construção de barricadas para isolar e proteger as classes mais privilegiadas.[20] Já no início deste século as ideias de Haussmann influenciaram muito as propostas de ordenamento urbano, evidenciadas principalmente no modelo progressista pré-moderno.[21]

No entanto, o ideário de atomização urbana veio a ser ostensivamente combatido por críticos e analistas urbanos, como a norte-americana Jane Jacobs. O seu livro *Vida e Morte das Cidades*, publicado na década de 60, além de fazer apologia da sociabilidade das ruas e da diversidade urbana, afirma que a atomização elimina um "componente essencial do espaço público:

---

18. Para Choay, o modelo progressista foi difundido pelos arquitetos racionalistas modernos do início do século. Esse princípio defende a implantação de unidades autônomas, procurando "expressar uma demiúrgica liberdade da razão, colocada a serviço da eficácia e da estética". Ver: F. Choay, *O Urbanismo*, São Paulo: Perspectiva, 1989, p. 20.
19. R. Sennett, *O Declínio do Homem Público*, São Paulo: Cia. das Letras, 1988, p. 360.
20. R. Sennett, op. cit. p. 362. L. Benevolo, *História da Arquitetura Moderna*, São Paulo: Perspectiva, 1976.
21. Para maiores detalhes ver nota nº 18.

a superposição de funções dentro de um mesmo território, o que cria complexidades de experiências naquele espaço".[22]

Sendo a cidade um *locus* de possibilidades, atualmente seu espaço-síntese reúne tanto a diversidade, como a atomização acima apontadas. Assim, uma vez que o centro urbano caracteriza-se pela concentração e diversidade de atividades, os SC representam uma especialização atomizada dos serviços de comércio e lazer. No caso de Belo Horizonte, a diversidade que garantia a sociabilidade do centro tradicional transformou-se numa funcionalidade exacerbada. Ao mesmo tempo, o SC surge como uma complementação dessas atividades, colocando-se como lugar de encontro e permanência. Assim, ele assume papel estruturante na cidade, na medida em que repõe algumas atividades básicas da vida urbana.

Recuperando a vida do centro tradicional, pode-se perceber o quanto a sociabilidade nele se modificou. Era no centro que a existência do belo-horizontino se inscrevia, através do passeio, da conversa de esquina e no mercado, dos encontros em bares e cafés, da frequência aos cinemas e clubes, do *footing* nas avenidas e praças. Todos esses fatores de sociabilidade integram a memória coletiva do lugar, cuja lembrança é valorizada.[23]

Os SC, além de expressar conteúdos funcionais, vão também ao encontro de outras necessidades no invisível curso das inter-relações humanas. Como espaço indutor de uma nova sociabilidade, recupera valores culturais fixados neste século pelo modernismo. Estas questões estão evidenciadas no contexto do crescimento de Belo Horizonte e na sua repercussão no centro tradicional. À medida que a cidade se desenvolvia, a intensidade do contato cultural se transformava. Essa mudança retirou do centro a função de lugar da sociabilidade e festa. Nesse sentido, a proliferação de *shoppings* veio responder a tais transformações, anunciando uma nova experiência urbana e um novo imaginário coletivo.

Voltando ao século passado, Sennett vê no surgimento da loja de departamento os primeiros sinais de mudança na vida urbana. A reunião de mercadorias diversas num mesmo espaço e dispostas de forma planejada pode ser considerada um "paradigma de como o âmbito público como um intercâmbio ativo abrirá caminhos, na vida das pessoas, para uma experiência da mais intensa e menos sociável publicidade (*publicness*)".[24]

---

22. Para a autora, "a estrutura de uma cidade funda-se em uma mistura de funções e nunca nos aproximamos mais de seus segredos estruturais do que quando nos ocupamos das condições que geram a diversidade". Ver: J. Jacobs, "Antrópolis", in: F. Choay, op. cit., p. 301.
23. Celina B. Lemos, op. cit.
24. R. Sennett, op.cit., p. 179.

Para o autor, a eficácia mística exercida pela mercadoria, materializada no espetáculo das vitrinas, mobilizava e atraía um público consumidor, fascinado pela possibilidade de consumo de mercadorias produzidas em série e com preço tabelado. Dessa forma, a cultura urbana adquire uma aparência mistificadora, onde o "investimento de sentimentos pessoais e a observação passiva estavam sendo unidos; estar fora, em público, era ao mesmo tempo uma experiência pessoal e passiva".[25]

Assim, a condição de "estar em público", a busca da novidade, a maneira de expressar, o observar, o modo de vestir passam a condicionar a conquista de *status* e de inserção social. Ao contrário, o privado tornou-se secreto, constituindo o reino da interação, da livre expressão, daquilo que já foi público numa outra época.

Com o desenvolvimento capitalista e a consequente sofisticação das técnicas de produção e distribuição, a compra supõe um outro fator: produção e consumo são mediados, de forma progressiva, pela publicidade. Ao mesmo tempo, a estrutura urbana tem sua dinâmica impulsionada pela produção e circulação, não só de mercadorias, mas também de ideias, valores e informações.[26] A publicidade, à medida que intensifica o intercâmbio, acelera a renovação das práticas sociais e as recria de acordo com modismos.

Uma vez que o ponto de vista da práxis desaparece do objeto, retira deste o seu valor de uso, reduzindo o valor-tempo, que sucumbe à renovação acelerada.[27] Dessa forma, a força da publicidade, baseada na tecnologia da informação, transforma-se em metacomunicação. A imagem distancia-se do contexto original, não passando de uma abstração, onde as mensagens e imagens dos objetos, e não mais eles mesmos, passam a fazer parte do meio urbano.[28]

Tudo o que está na moda, em termos de música, roupa, comportamento, é perceptível no SC. Para Baudrillard, um trabalho de aculturação, de confrontação e de veredicto social realiza-se nos SC. Se, inicialmente, a pessoa vai à busca de objetos, como resposta às questões que formula, mais tarde ela mesma vem em resposta à questão funcional e dirigida, que são os objetos. A condição de *publicness* própria das passagens, esquinas e praças cria na pessoa uma necessidade de ser reconhecida e de reconhecer na circularidade codifi-

25. Idem, p. 114.
26. G. Simmel, "A Metrópole e a Vida Mental", in: O. G. Velho, (org.), *O Fenômeno Urbano*, Rio de Janeiro: Zahar, 1976.
27. J. Baudrillard, *A Sociedade de Consumo*, Lisboa: Edições 70, 1981.
28. D. M. Lowe, *History of Bourgeois Perception*, Chicago: Chicago Press, 1982.

cada que é o *shopping* – "simulação operacional da vida social e de toda uma estrutura de habitat e de consumo".[29] Assim, o SC expressa um modo de vida e o futuro modelo das relações sociais, correspondendo a uma "satelitização", que organiza a aglomeração através da sua órbita.

Outra tendência derivada do desenvolvimento dos SC é a multiplicação espaço/tempo homogêneo, adequando-se a algumas funções e serviços próprios do urbano. Entre essas possibilidades, as atividades de lazer têm relevância, por suprirem uma necessidade da metrópole conurbada. Como simulação operacional do espaço/tempo, os SC resgatam o espontâneo da rua, reinstalam a condição de segurança para a livre circulação, promovendo a possibilidade do encontro nas territorialidades codificadas em seu interior pelos efêmeros signos do consumo. Nessa circularidade devidamente sinalizada, os iguais encontram-se e marcam suas diferenças, onde a ostentação de *griffes* e objetos funciona como elemento de distinção, determinando gostos e prescrevendo comportamentos. À diferença do mundo comum sucede a individualização, atada aos paradigmas de um mundo simulado em eternas rotações e singularidades.

O *Shopping* e a Celebração do Encontro

A confirmação do BH Shopping como "hiperespaço" de consumo e lazer veio se definindo ao longo da década. O primeiro sinal desse fato foi a ampliação de suas instalações e a sofisticação crescente dos serviços que nele são prestados. Mesmo centralizando a demanda de vários grupos sociais e apesar de seus serviços serem genéricos, tanto o centro tradicional, como a Savassi disputam primazia com o BH Shopping. Concorre contra aqueles a falta de segurança do pedestre, que se vê agredido pelo trânsito intenso e pela violência urbana. A distância a ser percorrida entre uma loja e outra, a falta de proteção contra os humores do tempo e ainda uma jornada de atendimento ao público que não ultrapassa as 18 horas, são também fatores que contribuem para reforçar a opção pelo SC.

Apesar de coexistirem em termos de atividade de comércio, o BH Shopping, em seus dez anos de existência, vem se firmando através de

29. Nesta análise Baudrillard reúne os supermercados, hipermercados e os *shoppings*, sendo importante nesta abordagem a descentralização destas atividades e a concentração especializada de mercadorias, constituindo-se em singularidades no urbano. Ver: J. Baudrillard, *Simulacres et simulation*, Paris: Galillé, 1985, p. 115.

constantes promoções e intensa publicidade. Além de funcionar no período da noite, ele oferece a cada dia mais opções de lazer: praças com restaurantes e docerias, cinemas, fliperamas, *shows* com música ao vivo e o próprio *footing*. Ao lado disso, um cenário favorável, com lojas de arquitetura arrojada e vitrinas sedutoras, induz e sugere a permanência e o encontro. Este acontece principalmente nas praças, pontos de festa, onde tudo acontece.

A nova área construída, ao abrigar as *griffes* mais consagradas, atrai, além dos frequentadores habituais, consumidores ditos nobres. Os jovens desse segmento transformam o lugar no *point in* da Zona Sul da cidade. Da mesma forma que, no início dos anos 80, os jovens entre 12 e 16 anos fizeram do 5ª Avenida, na Savassi, o *point* do final de tarde, a praça do McDonald's no SC foi legitimado como o lugar *in* dos anos 90.

Pode-se perceber que o capital simbólico daquela época reunia fatores que elegiam o 5ª Avenida como um lugar dotado de carga valorativa de sentido. Atualmente, as fantasias da moda, que o legitimariam, migraram para a praça do McDonald's, correspondendo a um outro capital simbólico.[30] Essa condição viabiliza práticas e rituais diferentes daqueles, próprios de outros grupos sociais, comunicando uma distinção. De acordo com Simmel essa comunicação só é possível através da aquisição de todo tipo de símbolos de *status*, afirmando-se como ponto central da vida moderna.[31] O BH Shopping, com sua estética, sua imagem reforçada pela boa localização, reúne símbolos de *status* que se coadunam com o capital simbólico desses grupos .[32]

A maior frequência ocorre nos finais de tarde e à noite, durante a semana, mas principalmente aos sábados e domingos. Esse "santuário de mercadorias" não só é um fator atrativo, como suas passagens e praças oferecem aos jovens a oportunidade de entrar em contato com o espaço público. Uma vez que a vida cotidiana desses grupos tem se limitado a uma experiência urbana confinada em clubes, escolas, residências, condomínios, academias e cursinhos, as passagens do SC sugerem o "resgate" do domínio público. Para Sennett, o SC pode ser considerado uma "comunidade territorial" ou um "gueto" de classe média, e o seu *publicness*, próprio da experiência moderna, é uma das chances de enriquecimento para esses grupos. É nesse espaço público que eles terão os primeiros contatos com o mundo das possibilidades da vida urbana.

---

30. Sobre o capital simbólico ver: P. Bourdieu, *O Poder Simbólico*, Lisboa: Difel, 1989.
31. G. Simmel, op. cit., 1976.
32. Sobre a 5ª AVENIDA como ponto de encontro na Savassi, ver: Celina B. Lemos, *5ª AVENIDA – Uma Tribo a Rigor*, Belo Horizonte: FAFICH-UFMG, 1985. (Trabalho de Mestrado em Sociologia).

Mais pessimista, Baudrillard considera que pontos atomizados como os SC estão consagrados à teatralidade experimental e testemunham a desintegração e desorganização urbanas. Desempenham uma falsa centralidade, condicionando a existência urbana a uma "satelitização", não sendo um espaço construído que se abre para a cidade, mas, que se transmuta na própria cidade. A vida no interior do SC pode recriar o burburinho, o *footing*, "o que justamente não é mais possível em qualquer outra parte, onde só é permitido circular. Onde andar, observar, jogar, resultam eles próprios numa *folie*, numa fantasia".[33] Dessa forma, a recriação do espaço público, designado e protegido indica o desaparecimento do mesmo na cidade, como já apontou Sennett. O SC, então, é considerado uma espécie de museu do espaço público, que oculta e exorciza a deterioração e a devastação da cidade, sendo que é nele que a dramatização ocorre. Observando mais de perto essa recriação do drama e da festa, a tribo zona sul atualmente se identifica e se constitui no mundo do BH Shopping. Integrados num jogo sem passado e sem futuro, seus participantes procuram vivenciar uma modernidade imediata e mutável, sentindo prazer na inutilidade. Mesmo com a variação de idade, o que é significativo nesses encontros é o fato de haver uma total identificação no grupo com um estilo de vida, imprimindo-lhe um caráter exclusivo.

Para Bourdieu, o estilo de vida de um grupo está estritamente vinculado à sua posição no espaço social. Esses jovens que frequentam a praça do McDonald's, com base num capital econômico, social e cultural, alcançam uma alta posição. Através da observação de suas práticas e das entrevistas realizadas, podem-se detectar os gostos, as posturas e o modo de vida que os distinguem de outros grupos de capital social diferente. Essas práticas não são mais que o produto de uma relação dialética entre uma determinada situação e um certo *habitus*, sendo que este atua como princípio que gera e unifica, funcionando "como uma matriz de percepções, apreciações e ações".[34]

O *habitus* peculiar deste grupo começa a se delinear a partir da constatação de que são, na quase totalidade, filhos das classes dominantes. O seu universo é caracterizado por uma irresponsabilidade provisória, pois são economicamente assistidos pela família. Em contrapartida, a única missão na qual se empenham os pais é prepará-los para o futuro próximo. Nesse sentido, é a escola que oferece ou induz a novas experiências, propiciando uma

33. J. Baudrillard, "La Villete", Belo Horizonte, artigo traduzido e divulgado pelo Grupo de Arquitetura Céu do 3º Mundo, ed. *Jornal Hoje em Dia*, março, 1989.
34. P. Bourdieu, "Esboço de uma teoria prática", apud R. Ortiz (org.). Pierre Bourdieu, *Sociologia*, São Paulo: Ática, 1983, p. 65.

reestruturação do *habitus* familiar e manipulando, de certa forma, as aspirações dos adolescentes. Esses jovens estudam nos colégios mais caros da cidade – os que, reconhecidamente, oferecem a melhor qualidade de ensino.

Outra manifestação do *habitus* desses jovens é o seu gosto. O gosto expresso no estilo de vida do grupo apresenta uma harmonia perfeita, sendo caracterizado por uma padronização elaborada e programada, baseada no seu volume de capital econômico e social.[35] Para eles o que importa é a novidade, onde quer que ela esteja. O consumo do novo, do inédito, seja na moda, na música, nos lugares para "curtir", seja na nova "gatinha" ou no novo "gato", é fundamental para "jogar" nesse campo. Tudo o que importa é a festa instantânea e a velocidade com que acontece. O que vale é a música reconhecida por um gosto comum, a moda de *griffes* que garanta o destaque no grupo. O mais significativo é o "aqui e agora", a coincidência dos encontros, a sincronia das emoções, a identidade dos discursos, a construção de individualidades.

Em geral, a moda consumida pelo grupo corresponde a um brevê que sinaliza o livre trânsito para quem escolhe e usa determinadas *griffes*. Estas dotam o objeto de um valor simbólico que transforma a natureza material da roupa em natureza social. Acompanhando o ritual da moda, o gosto pela música, cinema, viagens confere a esse grupo um estilo de vida singular.

Ao lado de todas as manias, os jovens apresentam um esboço de um projeto de vida e um questionamento existencial que transparece nas suas entrevistas: "a conquista da liberdade", "a definição de um objetivo", "a busca do prazer em toda ação", "a necessidade de se passar no vestibular", "a melhor maneira de se tornar independente" etc. Por outro lado, o interesse pelo "aqui e agora" interfere em suas atitudes, pois procuram prolongar o modo de vida que vivenciam e adiar responsabilidades. Assim, cultuam a temporada de vida totalmente lúdica, onde o "ficar à toa", o "sair para namorar", o consumo de roupas e músicas, o encontro no *shopping* é aquilo que sintetiza o seu tempo e sua vivência cultural.

Conclusão: O *Shopping* como Fenômeno Urbano

A consolidação dos SC como centros de consumo e lazer, poderia ser encarada como uma resposta antecipada às principais reivindicações do

35. Id., Ibid.

urbanismo atual. Ou seja, a recuperação de um espaço público capaz de funcionar como *locus* da sociabilidade. A sua cristalização como "hiperespaço" de consumo e lazer não passa, contudo, de uma simulação daquilo que foi o centro tradicional, em outros tempos. Ao lado disso, a eleição do SC como ponto de encontro, assim como sua arquitetura e sua localização, são elementos ativos na formação de identidades coletivas no domínio do urbano. Como barreira espacial e social, o SC integra um sistema controlado pelo poder do capital econômico e, principalmente, pela tecnologia da informação. Frequentar o lugar resulta numa nova experiência do espaço/tempo, baseada na "estilização" de práticas culturais. Formando um estilo de vida unívoco, a preocupação estética predomina sobre a postura ética, e o espaço se transmuta em imagem.

A consolidação e ampliação do BH Shopping e a implementação de três novos estabelecimentos indicam que a dinâmica urbana se modificou, no movimento de centralização e descentralização que afeta Belo Horizonte. Os hiperespaços foram escolhidos como uma das soluções para o uso intensivo de áreas tradicionais conurbadas e saturadas.[36] Sendo os novos SC alternativa para a superação de deficiências em serviços urbanos (que o poder público não tem procurado solucionar), eles assumem como sobrecarga, a função de centro urbano. No entanto, uma vez que não chegam a incorporar a diversidade própria dos *centros*, apenas simulam essa missão. Nesse aspecto, a implementação de SC desvia a atenção do poder público dos verdadeiros problemas relativos à recuperação de áreas e de seu significado como patrimônio urbano. Tal situação é ainda relevante no que toca ao centro tradicional, que, após atingir certo patamar de sofisticação, não é mais assistido pelo poder público. Dessa forma, o capital privado, com a implantação de um novo SC dá resposta às precárias condições urbanas da área central.

O estabelecimento de um SC no centro é um sintoma de "rejuvenescimento" do lugar ou uma tentativa no mesmo sentido. No raciocínio dos empreendedores, estando o SC legitimado como *locus* especializado no consumo e lazer, nada melhor do que implementá-lo no centro, "recuperando" e "revitalizando" seus espaços. Logo, a proliferação desses empreendimentos representa, em última instância, mais uma sofisticação dos serviços disponíveis no centro, incluindo o que há de mais novo em termos de experiência urbana.

---

36. Além das melhorias que recebeu ao longo da década de 80 – segundo um jornal local – o BH Shopping partirá para uma melhor qualificação de seus serviços como resultado da concorrência que surge com a construção e conclusão de três novos SC em 1991. Dentro desse investimento, a inauguração em abril do Shopping Cidade, localizado no centro tradicional, adquire relevância na nossa análise. Sobre os SC, ver: Jornal *Hoje em Dia*. Belo Horizonte, 28 out. 1990.

6 Demarcação de Identidade em Espaço Coletivo: O Shopping Iguatemi de Porto Alegre

Tânia Torres Rossari*

A Categoria Espaço no Texto Antropológico

O espaço de nossa existência encontra no conceito de residir seu elemento mais decisivo; conforme Norberg-Schulz, esta é uma das instâncias fundamentais da vida individual. A dramaticidade da expressão "não ter onde cair morto" realça tal fato, evidenciando que o indivíduo só encontra sua identidade a partir da própria casa, da moradia.

Penso que o nível residencial, enquanto expressão hierárquica do "lugar social" dos indivíduos, pode ser estendido para outros lugares. Inclusive aqueles menos privados que a casa, mas que as pessoas têm como importantes em sua vida. Nesse caso, o conceito de "residir" pode se expandir para o de "frequentar".

No campo das Ciências Humanas, depois de transitar pela Filosofia e pela Psicologia, a preocupação com o espaço acabou por chegar aos antropólogos. Pode-se assim admitir que a antropologia social esteja em condições de constituir novos paradigmas de interpretação sobre a relação espaço/agentes culturais.

* Antropológa. Universidade do Vale do Rio dos Sinos (UNISINOS), em São Lepoldo – RS.

É possível detectar no espaço um "modo de ser" nitidamente pessoal e relacional. Tal enfoque amplia-se, aprofunda e incide mais diretamente na ordem cultural, através da análise antropológica. É com razão que, para Roberto da Matta, tanto o tempo, quanto o espaço "*constroem e ao mesmo tempo são construídos pela sociedade dos homens*".[1]

Daí a necessidade de interpretar o sentido da sociedade que os emoldura e as relações que neles se expressam. A ideia é de que os espaços nunca são "neutros" na percepção dos indivíduos e dos grupos. Se a variação de ações e significados pode ser devida a fatores existentes numa mesma cultura e período histórico, tal variação poderá ser ainda mais profunda em função da própria passagem do tempo; não é por acaso que Rafael Echaide vê nos espaços construídos, próprios da arquitetura aquilo que chama de "uma realidade histórica".[2]

Portanto, vivida e significada, a espacialidade torna-se objeto de investigação antropológica, já que se inscreve em uma ordem cultural.

É pressuposto antropológico que as culturas podem ser descritas e interpretadas a partir de uma prática e de um discurso; como dimensão cultural, o espaço apresenta esses dois níveis.

Com graus diversos de racionalidade e consciência, ele é *prática* – no plano urbanístico, no projeto arquitetônico, na criação de ambientes e nas mais variadas formas de apropriação e vivência social; e é *discurso* – no plano da fala das pessoas, no que elas dizem a respeito dos lugares, no que esperam deles, nos significados que lhes atribuem. Saliente-se aqui a velha lição da experiência antropológica: prática e discurso nem sempre são coincidentes. No que se refere ao *discurso* sobre seus espaços, tenho percebido que as pessoas tendem a radicalizações, quando se trata de valorá-los, seja positiva, seja negativamente. Assim é que um pai de família me afirmou em entrevista que "detestava ir ao *shopping*", enumerando de forma muito lúcida todos os aspectos que lhe desagradavam. No entanto, a esposa (que certamente é a impulsionadora das visitas do casal ao SC) me afirmou que, quando o marido se encontra lá, distrai-se bastante. Fato semelhante percebi na declaração de uma senhora que dizia evitar o SC por não gostar de "todo aquele movimento" e não sentir-se particularmente atraída por "fazer compras". No entanto, as filhas relatam que, precisando ir ao Iguatemi às vésperas de uma viagem com a mãe, ela disse que, uma vez lá dentro, sentia-se "em clima de viagem".

1. Roberto Da Matta, *A Casa e a Rua*, São Paulo: Ed. Brasiliense, 1985, p. 28.
2. Rafael Echaide, *La Arquitectura es una Realidad Historica*, Pamplona: EUNSA, 1976.

É na visão do SC como espaço de lazer (ou semilazer), de lugar para passear, para ver ou comprar agradavelmente, para ser visto e encontrar pessoas, que se percebem determinadas entonações rituais, mais frequentes para grupos sociais determinados e em certas épocas do ano.

Relacionados à análise do SC, nem o ritual nem o lazer aparecem como categorias totalmente "puras". Um e outro ocorrem em (ou geram) circunstâncias matizadas por outros componentes sociais que se acrescentam à sua própria estrutura.

Se é certo que o processo ritual revela a sociedade, ao iluminar diversos aspectos dela, não poderia deixar de enfatizar o valor do lazer – tanto mais ritualizado, quanto mais importante se torna num contexto, em que não só o tempo é cada vez mais medido e subdividido em diferentes funções "obrigatórias", mas, principalmente, porque uma situação de dificuldade econômica amplamente generalizada exige que a maioria da população brasileira trabalhe cada vez mais.

Se, no caso do SC, o lazer não se traduz apenas em passeio ou "paquera", mas também permeia o ato de compra, em todas as suas formas é possível encontrarem-se componentes rituais, mais explícitos em certas situações e datas, menos visíveis, ou menos conscientes, em outras.

A maior parte daquilo que hoje é caracterizado como lazer apresenta-se associada a circunstâncias profissionais, familiares ou sociais. Para Dumazedier,[3] trata-se de situações de semilazer ou de lazer parcial. Qualquer que seja a classificação de tais situações, além da necessidade de um tempo específico, desenha-se a necessidade de espaços adequados à sua realização. Em se tratando do meio urbano, há lugares bem específicos: parques, praças, cinemas, estádios etc. Entretanto, há situações espaciais mais ambíguas, como é o caso das lanchonetes no interior de uma firma ou colégio, onde as pessoas se reúnem para descansar e conversar, interrompendo, durante certo tempo, a atividade ou o "trabalho".

Outro caso típico é o das igrejas, que, embora sendo espaços essencialmente religiosos, também podem possuir salões sociais anexos.

Essa convergência entre espaços e atividades que, embora sendo lazer, não o são de forma exclusiva, é especialmente marcante na própria ideia que origina um SC.

Na minha perspectiva, o lazer seria fuga da rotina.

---

3. Joffre Dumazedier, *Valores e Conteúdos Culturais do Lazer*, São Paulo: SESC, 1980.

E seria essa a promessa dos espaços do SC. Na prática imaginária sobre seus lugares, o indivíduo procura algo mais, algo novo, experiências diferentes da mesmice cotidiana. Como respondeu uma professora universitária a quem perguntei por que estava indo ao SC após a aula da tarde: "eu iria fazer o quê em casa? Recomeçar a trabalhar?"

Porto Alegre e o *Shopping Center*: A Ressemantização do Centro da Cidade

O espaço amplo, constituído pelo meio urbano de Porto Alegre, é tanto parâmetro, como elemento situacional do "lugar" investigado (o *shopping*).

Porto Alegre, capital do Rio Grande do Sul, é o maior polo econômico, político e cultural do Estado, com uma população estimada em 1.275.483 habitantes (IBGE, 1985). Com mais dezessete municípios vizinhos, Porto Alegre compõe uma região metropolitana.

Apesar de seu desenvolvimento, a cidade não cresceu tanto territorialmente, que não permita à maioria dos moradores um razoável conhecimento de quase todos os seus bairros, mesmo os mais distantes do centro urbano. Os porto-alegrenses definiram, inclusive, um código mais ou menos homogêneo de classificação e hierarquização dos bairros, construído especialmente a partir de sua ocupação por esta ou aquela camada social. Todos reconhecem os bairros "de pobres", de "classe média", de "gente rica". Essas classificações destacam o fato de que a cidade não é um meio homogêneo, nela se evidenciando, não somente diferenças visuais e comportamentais, mas também sociais.

Através do tempo, Porto Alegre foi construindo sua própria identidade. Foram definindo-se práticas cotidianas e representações, a partir de suas "ressonâncias", desses rumores específicos ou "sinais" que toda cidade emite, com maior ou menor evidência.

No entanto, a coletividade "constrói" seu conceito de cidade de modo dual. De um lado, temos a cunhagem da expressão "cidade-sorriso", que nos indica um processo de idealização. É a apresentação oficial – prisma a partir do qual o meio urbano é visto como área de opções e oportunidades abertas ao indivíduo, numa perspectiva de exaltação positiva. O outro lado, o prisma negativo, é o dia a dia do crescimento do desemprego, da marginalidade, dos assaltos, dos problemas econômicos e sociais não resolvidos pela administração.

Tal dualidade revela-se, igualmente, na consideração dos "tempos" que constituem aquilo a que chamarei "ritmo" da cidade, que, por sua vez, incide na percepção dos significados urbanos.

Toda a cidade possui um movimento que lhe é peculiar. Não me refiro, aqui, ao tipo de movimento mais imediatamente perceptível da agitação das pessoas e dos transportes nas ruas. Refiro-me a um tipo mais silencioso, mais sutil de dinâmica, que não é visto com nitidez, pelo menos enquanto ocorre, mas que se expressa após a perplexidade, em meio à qual as pessoas se dão conta das mudanças de sua cidade.

Há uma idealização saudosista de Porto Alegre, que enfatiza valores como tranquilidade, requinte e magia. Ao falar de lazer, as pessoas mais velhas relacionam esses valores ao "modo de ser" da cidade de antigamente. Hoje os mais ricos vão encontrá-los (ou procurá-los) em situações de viagem, no turismo – com suas promessas de encantamento – e na diversão. Cada vez mais se acentua – no lazer atual – a exigência, real ou presumida, de algum tipo de deslocamento no espaço. A viagem é a situação potencialmente mais rica, e tende a substituir o "passeio" pela própria cidade. (Muitas pessoas de idade associam o espaço do Shopping Center Iguatemi a um espaço "turístico", a uma sensação de "estar viajando".)

O aspecto que me parece mais significativo é a constatação de uma prática social que, se não se perdeu totalmente no passado, pelo menos enfraqueceu muito, a ponto de ser percebida como "um hábito de antigamente", diga-se de passagem: um hábito fortemente ritualizado. O passeio qualificava poderosamente o centro de Porto Alegre, onde se localizavam confeitarias, cujos nomes são recordados com facilidade pelos antigos frequentadores: Colombo, Central, Rocco, Cruz de Malta, Schramm e Neugebauer.

A confeitaria, que, com os cinemas, caracterizava o Centro como espaço de lazer das camadas mais bem situadas, era um espaço onde se definia um ambiente de sociabilidade. As pessoas iam lá para se encontrarem, conversarem, verem e serem vistas, sentando-se às mesas, demorando-se, atendidas por garçons que se esperava fossem atenciosos. Algumas dessas confeitarias, ofereciam inclusive, iguarias que as tornaram famosas.

O que o discurso nostálgico pretende resgatar é a respeitabilidade do local e das pessoas que lá compareciam.

Para as camadas médias e altas, o centro conheceu outros tempos, representados por lugares, não só sentidos como melhores, mas como diametralmente opostos aos atuais. E essa oposição, na fala dos mais velhos, refere-se principalmente a qualidades sociais e estéticas perdidas ("A Rua da

Praia era bonita"..."limpa"..."bem frequentada"). Os discursos marcam bem que tais qualidades eram devidas à presença dessas pessoas, elas sim, portadoras das "virtudes" que se transferiam para os espaços que faziam seus.

Uma das antigas funções do centro – a comercial – no entanto, não se perdeu; alterou-se em virtude dos novos grupos sociais que ali passaram a vender e comprar. Mudou o tipo e o aspecto das lojas; mudou o perfil do vendedor e o do comprador; mudou o artigo oferecido. Surgiram novos tipos sociais, como os que praticam o chamado comércio informal – os camelôs. Noutro nível, ocorreu a proliferação de pivetes, punguistas, malandros, prostitutas e mendigos.

O nível de higiene decaiu: as ruas centrais têm lixo permanentemente. As pessoas acotovelam-se. Os tempos em que se viam senhoras de luva e chapéu, passeando, estão muito distantes.

Quem percebe a degradação são as camadas mais altas, que interpretam a mudança como um processo gradual, mas irreversível, de invasão de espaços que lhes pertenciam. A situação dramatiza-se na medida em que o espaço "invadido" era um espaço "tradicional" (e tradição é valor para as camadas médias e altas).

Em resposta, tais camadas elaboram estratégias de defesa. Na impossibilidade de impedir o acesso físico dos grupos mais pobres, lançam mão de certos recursos, ainda que de modo nem sempre muito consciente.

Num primeiro momento, restringiram suas diferentes "áreas" de ocupação; ou seja, demarcaram territórios. Foram definindo-se "limites sociais" no centro, distintos da delimitação espacial (ruas, praças, largos) feita pela administração pública. Por exemplo, "gente direita" não podia ir além do Cine Cacique, último ponto de sociabilidade da Rua da Praia.

O sentido geral dessas "delimitações" aponta para um processo muito rápido de empobrecimento da população brasileira, com o aumento contínuo de setores marginais à busca de espaço. Em decorrência, restringem-se os espaços públicos para as camadas médias e altas, que então procuram lugares mais exclusivos e seguros (como clubes ou SC), apesar da desvantagem dos gastos que precisam fazer. Hoje, o centro (e sua rua da Praia) está abandonado, talvez definitivamente, pelos grupos dominantes. Tal abandono caracteriza o segundo momento: a estratégia de retirada.

Despojados desses espaços tradicionais, os antigos ocupantes passaram a desprezá-los, rotulando-os pejorativamente, carregando-os de negatividade. Quando o ontem é contrastado com o hoje, o que aparece claramente é um processo de deslizamento de significados: o centro, na atualidade, é um lugar a ser evitado por seus antigos ocupantes, a partir da evidência de sua decadência social.

Embora nem sempre o processo de perda e assimilação de novos significados ocorra neste sentido, no caso do centro de Porto Alegre, a dinâmica não foi "neutra", fazendo-se acompanhar pelo estigma.

Surgem espaços alternativos e, dentre eles, os SC.

A Polarização Centro-*Shopping*

Ao contrário do centro da cidade, o espaço do Shopping Center Iguatemi (bem como a zona onde foi construído, o bairro de Chácara das Pedras) é bastante recente. Foi inaugurado em 1983.

"Espaço da modernidade", como foi chamado, é possível percebê-lo como não tendo um "passado", o que coincide com a realidade existencial dos próprios grupos jovens, cuja frequência o caracteriza. Num e noutro caso, ainda não se definiu uma "memória".

De modo geral, seja como função ou como tipologia arquitetônica, os SC são recentes no Brasil. No caso de Porto Alegre, é algo ainda mais inédito do que no Rio ou em São Paulo.

O Iguatemi de Porto Alegre já nasce com um certo *pedigree*. Afinal, pertence ao grupo responsável pelo primeiro SC de São Paulo, e o próprio nome ressalta este aspecto – a associação entre um e outro é portanto imediata. Significa trazer para Porto Alegre um dos signos da prosperidade e modernidade paulistas. Trata-se de um grande espaço fechado – 39 mil metros quadrados configurados numa volumetria mais ou menos retangular, recortada em sua forma externa por reentrâncias e saliências que ajudam a quebrar o retilíneo das superfícies.

Vista do exterior, a construção é basicamente monocromática: um grande bloco horizontal, acinzentado, o destaque em termos de cor ficando por conta dos letreiros que marcam a posição das lojas-âncora. Os acessos parecem poucos em relação à massa de paredes fechadas; porém, distribuídos em cada lado, são funcionalmente suficientes. Nunca se veem pessoas acotovelando-se para entrar e sair. (Uma das críticas feitas ao centro da cidade é justamente o "acotovelamento".) São quatro entradas para cada piso e o conjunto tem dois pisos, ou "níveis". Cada nível abre para cada uma das duas principais avenidas que ladeiam o SC.

Se durante o dia é de aridez a sensação visual da superfície externa, à noite o conjunto iluminado é imponente.

Em seu interior, dispõem-se 110 lojas de dimensões bem diversas, que oferecem ao visitante um percurso de cerca de 3 quilômetros. (Isso explica o cansaço de muitos, induzidos a descansar e, portanto, a consumir, em mesas de lanchonetes.) Mas pouca gente abrevia o percurso. Como, para além de simples compra, ele representa passeio, procura-se mesmo aumentar, ampliar o trajeto, demorando-se as pessoas diante de vitrinas, entrando em lojas, parando nos bancos dos corredores ou nas "lancherias". Esse padrão de conduta espacial, aliás, corresponde à percepção do que Kurt Lewin, citado por Norberg--Schulz, denomina *espaço hodológico*, ou seja, espaço do movimento possível, podendo variar de um indivíduo para outro, de acordo com diferentes expectativas, e que no SC traduz-se em qualquer coisa que eu denominaria de busca do máximo prazer possível.[4]

Internamente os dois níveis articulam-se por um duplo sistema de escadas, fixas e rolantes. Cruzando-se diagonalmente, elas criam forte efeito de dinamismo espacial. As duas áreas de articulação entre os dois pisos constituem pontos de forte amplitude visual, e nelas os espaços dos corredores axiais (inferior e superior) aumentam bastante.

No piso térreo, tal ampliação faz nascer "praças", inicialmente chamadas "Praça do Relógio" e "Praça do Verde". Ambas possuem duplo sistema de iluminação: zenital (luz do dia) e artificial. Numa delas havia de início uma fonte (que desapareceu) e até mesmo árvores, que definharam com o passar do tempo. O nome – "Praça do Verde" – permaneceu ainda por algum tempo, como uma referência ecológica.

Na outra praça, o elemento marcante é um grande relógio de água, de aspecto e mecanismo completamente diferentes dos convencionais. Desde a inauguração, muitas pessoas ainda hoje se reúnem ali perto para assistir, com evidente fascínio, o deslocamento da água verde em recipientes grandes e pequenos que marcam os minutos. Embora lhe possa ser atribuída uma função de ordem prática – marcar a passagem do tempo – essa é a que menos importa realmente: as dimensões estética e lúdica são muito mais marcantes.

É nos limites extremos dos corredores dos dois pavimentos que estão as quatro lojas-âncora (ou cinco, se contarmos o supermercado). Entre elas, encontra-se a diversidade de tamanho, de decoração, de tipo de artigos e de

4. Christian Norberg-Schulz, *Existencia, Espacio y Arquitectura*, Barcelona, Blume, 1975, p. 26.

clientela das lojas-satélite. As primeiras são do tipo *department stores*, e as segundas têm um caráter especializado.

No centro, ou próximo a ele, no térreo, estão ainda dois espaços privilegiados de sociabilidade: o *playground* (parque de diversões infantil) e a área das lanchonetes, intitulada Praça Kom's e Beb's.

Talvez não seja por acaso que um SC projetado para as camadas de maior poder aquisitivo, como é o caso do Iguatemi de Porto Alegre, tenha dado especial atenção e espaço às áreas do lazer. Esta, aliás, é uma orientação geral dos SC brasileiros, diferentemente dos projetos de outros países. É possível que isso reflita a perspectiva, segundo a qual vivemos o real de uma forma "lúdica", ou, pelo menos, tendemos a acoplar esta modalidade às outras instâncias da vida.

O SC inscreve-se na categoria de espaço fechado e, até mesmo, sob certos aspectos, "privado". Por outra parte, tal privatização corresponderia a um processo paralelo de individualização. Como lembra Holanda:

> ...sabemos que as classes populares utilizam com mais intensidade os espaços livres de uso coletivo do que as classes médias e altas, cuja rede de relações se constrói muito mais em espaços fechados e privatizados.[5]

Explicitando mais: pode-se considerar o SC (na prática) como privativo de setores de grupos de maior poder aquisitivo, que usam a maior parte de sua área e funções. Certos ambientes podem significar para alguns, até mesmo o equivalente simbólico de um clube social, durante boa parte do ano. Entretanto já existem espaços "diferenciados", precisamente porque começam a ser ocupados por grupos de renda mais baixa (que igualmente têm o lazer como objetivo). Da mesma forma, é possível observar momentos mais "democráticos", como a época do Natal, quando o SC é visitado por grupos que raramente vão lá durante o resto do ano. (Tal fato evidencia que a relação entre ritual e lazer traz consigo um processo, pelo menos temporário, de ressemantização espacial).

Bom exemplo disso é a visão das "galerias" que se abrem para a "Praça do Verde", circundando-a. Durante quase todo o ano, são ocupadas basicamente por jovens de extração social mais modesta, que fazem dali um ponto de observação. No entanto, com a chegada do Natal e a montagem de um ambicioso aparato decorativo, eles acabam compartilhando espaço com as

---

5. Frederico de Holanda, "Arquitetura como estruturação social", in: Ricardo Libanez Farret et al. *O Espaço da Cidade – Contribuição à Análise Urbana*, São Paulo: Ed. Projeto, 1985, p. 125.

crianças de camadas mais altas (e seu pais), que dali observam entusiasmados o "espetáculo" visual centrado na "Praça do Verde". Por aí se vê como a visitação ritual ao SC redefine o uso de seu espaço, tanto no que diz respeito à função (mais lúdica no Natal), quanto no que respeita ao visitante.

Como aconteceu com a Rua da Praia e toda a área central, também o SC é objeto de um processo de suprassemantização, de um acréscimo ou reforço de significados, que atravessa os mais variados aspectos.

Tal processo acaba determinando uma polarização interessante:

Rua da Praia (centro)	*Shopping Center*
velho	moderno
pobre	rico
feio	bonito
sujo	limpo
perigoso	seguro

Tais qualificações não só aderem ao espaço, como às pessoas que o frequentam e às coisas, artigos, equipamentos que neles se encontram. Por outro lado, essa é a visão dos grupos médios e ricos, majoritários neste SC. Não posso afirmar se algum desses elementos perceptivos aparecem entre segmentos mais pobres, uma vez que minha pesquisa não se estendeu a eles.

Quando entrevistei moradores de um edifício de camada média, acerca de onde costumavam fazer suas compras durante o ano e nas épocas de festas, obtive respostas que apontavam para dois aspectos: idealmente, SC e centro são excludentes; na prática, podem ser complementares.

Assim, alguns responderam que compravam no centro e iam ao SC "só para passear", embora confessassem que sempre acabavam trazendo de lá "alguma coisinha". Outros disseram que iam ao SC para comprar "alguma coisa que não tem no centro".

Também aparece o "ir ao *shopping* para fazer compras em época de Natal". Houve dois casos-limite: o da senhora que disse que jamais comprou no SC, apenas indo a passeio, e o da professora universitária de camada alta ou média-alta que respondeu: "Eu nunca faço compra no Centro. Vou sempre ao Iguatemi".

Para os que compram lá, importante é a "garantia de qualidade", "coisa com *griffe*, boa mesmo". E para os que não compram, o motivo mais frequentemente invocado são os preços "mais caros", o que, de fato, não é necessariamente verdadeiro. O que aí prevalece é uma ideia geral de preços altos associados a luxo, conforto e segurança, enfim, às "qualidades" oferecidas pelo SC. Mesmo se considerando que filiais de várias lojas do centro, de preços acessíveis, tenham sido abertas no Iguatemi, resta sempre uma "visualização" do SC como espaço "caro" e "de luxo". Isso o torna não só espacialmente distante – no sentido de sua implantação urbana –, mas também distante, economicamente, para segmentos de renda mais baixa.

Comprando ou não no SC, ele é percebido como um espaço privilegiado pelas características citadas. E, mesmo entre os que precisam valer-se das lojas do centro ou de bairros, aparece a rejeição e o estigma da área central. Como declarou um pré-adolescente: "Vou ao *shopping* todos os dias e não canso. A Rua da Praia, acho um nojo". Referendando esse ponto de vista, disse-me uma senhora idosa, ao comparar o Iguatemi com a Rua da Praia: "Lá não tem *bagaceiro* (cachaceiro) ... agora eles tomaram conta da Rua da Praia."[6]

Nessa segunda fala, menos vaga que a anterior, fica suficientemente claro que a degradação social dos espaços centrais é o critério decisivo. Há inclusive situações em que esse critério se mescla a preconceito racial. De acordo com o depoimento de um motorista de táxi de meia-idade, branco: "Aquilo lá (o Centro), no meu tempo, era uma passarela. 'Tava' cheio de moça bonita. Agora só tem negro – e daqueles bem 'chinelões"'.[7]

O espaço que se ocupa, em termos de percepção, expressa a posição social do indivíduo. Não é por acaso que os anúncios de imóveis fazem tanta referência a "prédio situado em zona nobre". Não basta registrar o preço, a rua ou o bairro: é preciso um reforço semântico. Numa sociedade de classes espera-se a ascensão, nunca o descenso social, e ela deve ser visível em símbolos de classe, como a roupa, o meio de locomoção, o tipo de atividade, os modos de expressão verbal e gestual, as formas de lazer, o bairro e a casa onde se vive, as lojas onde se compra, o clube que se frequenta, o restaurante onde se vai, em suma, os espaços que se ocupam.

À medida que camadas mais baixas começam a predominar em espaços tidos como reservados a grupos mais altos, estes se "defendem" daquilo que podem considerar – por assim dizer – como uma usurpação. As estratégias de defesa no caso da "perda" do centro da cidade se definiram em dois sentidos.

1. O indivíduo delineia um tipo de discurso e uma ação de negação: "eu não sou gentinha, não frequento a Rua da Praia". Percebe-se aí uma situação

6. No Sul, em linguagem popular, "bagaceiro" é sinônimo de "ralé".
7. "Chinelão" é uma gíria que designa tudo que for de qualidade muito inferior.

do tipo analisado por Michel Bozon e por ele chamada de "subjetivação da exclusão".

> A percepção popular dos cafés da cidade leva, de resto, os membros das classes superiores e intelectuais a transformar sua exclusão objetiva em exclusão subjetiva.[8]

2. O outro movimento estratégico é afirmativo e se define pela ocupação de um espaço alternativo e exclusivo (no caso, o SC) que se deve frequentar na prática ou no discurso, e cujas qualidades são constantemente afirmadas.

Mudanças, perdas ou intensificações do sentido dos lugares, como se viu, ocorrem a partir de práticas sociais mais ou menos espontâneas, mas que acabam se enraizando, criando tradição.

Entretanto, especialmente quando se trata de espaços novos (os espaços da "modernidade"), a atribuição de significado pode ser construída de forma bastante artificial, tendo em vista objetivos pré-fixados por determinados grupos ou segmentos deles.

No caso do Iguatemi, há toda uma "dialética" entre o espontâneo e o artificial, a ação livre e a indução, mesmo quando se trata de atividades de lazer.

O aspecto referente à indução pode ser deduzido dos sinais emitidos pelos meios de comunicação, que quase permanentemente estão veiculando algum tipo de mensagem sobre o SC.

O *Shopping* como Signo de Modernidade e Seletividade

Sob muitos aspectos, a organização espacial do SC sugere a de uma cidade artificial. Seus caminhos internos assemelham-se a ruas cobertas, encerradas numa película protetora que isola de todo o desconforto. "Assim vão ser as cidades do futuro", afirmou pessoa entrevistada , na faixa de meia-idade e com nível universitário.

A artificialidade, a clara organização desses espaços em sua multifuncionalidade, é que acaba sugerindo codificações quase do tipo ficção. Nesse modo de ver, o SC seria como uma antecipação da fisionomia futura do meio urbano. Acrescente-se que a frase me foi dita em tom de entusiasmo, não deixando

8. Michel Bozon, *Vie Quotidienne et Raports Sociaux*, Lion: Presses Universitaires de Lyon, 1984, p. 78.

perceber nenhuma lástima pela perda do contato com elementos da natureza e da cultura urbana tradicional, implícita nessa previsão.

Outro aspecto: as dimensões físicas do SC não seriam simples decorrência de necessidades de caráter prático, funcional, mas, igualmente, simbólico.

No atual estágio das sociedades capitalistas (embora não exclusivamente dentro desse modelo), o espaço é simultaneamente indicador econômico e sinalizador de situação social.

Da mesma forma como avaliamos o indivíduo a partir da cidade em que vive ou de onde veio (um porto-alegrense é um homem de cidade "grande", com pretensões a ser mais cosmopolista e mais sofisticado intelectualmente), assim também avaliamos o indivíduo pela posse ou ocupação de espaços. Suas propriedades, seus imóveis, por exemplo. A avaliação pode estender-se, inclusive, à estética. É agradável ser reconhecido como proprietário de uma bonita casa ou de um belo apartamento, com vista para um belo parque e assim por diante. Entretanto, se de um lado os valores estéticos são mutáveis, alterando-se conforme as oscilações mais subjetivas do gosto, as *dimensões* espaciais são muito mais claramente definidas, normatizadas, objeto de maior consenso. Assim, há um componente no código socialmente instituído que me permite "conhecer" o *status* de um indivíduo, apenas sabendo que ele é o dono do "casarão da esquina" – não importando, aqui, que o mesmo seja feio. Interessa tudo aquilo que adere à propriedade do "ser grande": o tamanho do jardim, o número de peças da casa, os equipamentos, o número de carros na garagem, e assim por diante.

O importante é que a relação com o espaço permeia enormemente as percepções do social. Pode-se até mesmo considerar legítimo avaliar a situação social de uma pessoa pela distância que percorre até seu lugar de veraneio (ou férias). Para mais longe vão os "ricos"; o "pobre" contenta-se com lugares próximos. Lugar também pode ser questão de etiqueta, pois manda o bom tom que se conceda "o melhor lugar" às pessoas, que, por um motivo ou outro, queremos homenagear.

Ampliar espaços, ter acesso a eles, poder desfrutar da amplitude espacial é em si sinal de *status*. Daí porque o SC tenderia a agigantar-se em face de outros espaços, saindo-se melhor, não apenas numa relação de comparação, mas também, porque *oferece* às pessoas uma sensação de posse de sua espacialidade, propiciando experiências concretas da espacialidade sofisticada (mesmo que repartida com outros). Nele, o significado de modernidade está ligado ao de seletividade.

No Iguatemi o despojamento das formas externas contrasta com a impressão de opulência interna. Se no exterior prevalece a economia de cores e de materiais, internamente se entrechocam as mais variadas texturas, associadas a luzes e policromia. Nesse interior predominam as cores vivas primárias, que se associam à sofisticação dos pretos e brancos nas paredes. Nas fachadas das lojas, ainda há outras cores tidas como "modernas" – os verdes ou laranja, os rosa-metálicos, os cinza e rosa-desmaiados, os tons terra. A elas se juntam diversos tipos de iluminação: por tubos fluorescentes, em *spots* ou lâmpadas convencionais. (Lojas mais requintadas possuem lustres de cristal). O efeito geral é de contraste e vibração cromática, definindo-se um ambiente acolhedor, de *féerie*, onde se instala uma ambiguidade inconsciente. É que dentro do SC não se distingue o dia da noite. Não sabemos (visualmente) se já anoiteceu ou se ainda é dia, a menos que se olhe para a parte de vidro da cobertura, acima de nossas cabeças (mas não ao alcance direto e imediato da vista).

Outro grande recurso decorativo interior são os espelhos. Distribuindo-se através das fachadas das lojas, são também usados em suas decorações internas, ampliando os espaços e aumentando a luminosidade, fortalecendo o clima de "festa" permanente que lá dentro tantos sentem. Além da duplicação espacial, os espelhos proporcionam um retorno de imagem ao indivíduo, que nesse "rever-se" a cada passo, vai recebendo uma confirmação da imagem que eventualmente assuma lá dentro. (É preciso lembrar, nesse sentido, do grande número de entrevistados que revelaram cuidar da aparência quando iam até lá.)

A função do espelho, inclusive, não é apenas de reflexão da aparência exterior de uma pessoa.

Os espelhos do Iguatemi refletem a imagem da pessoa *naquele* ambiente, num processo pelo qual o indivíduo incorpora a si as qualidades, a positividade do lugar.

Shopping Center e Ritual

Uma vez que procurei manter a pesquisa no balizamento teórico dos conceitos de Ritual e Lazer, do ponto de vista do Ritual é possível qualificar os espaços do SC através das categorias do sagrado e do profano – categorias essas que, apesar do longo tempo em que vêm sendo trabalhadas, não perderam, parece-me, sua consistência para a análise simbólica.

– Espaços "Sagrados" e Espaços "Profanos"

O ponto de partida é a percepção de que o SC é marcado por descontinuidades simbólicas. Nuns lugares, o signo dominante é o lazer. Noutros, o comércio.

Mas isso não significa uma relação linear que identifique o lazer com o sagrado e o comércio com o profano. (Há butiques onde a compra envolve toda uma ritualização.)

A Praça Kom's e Beb's é um bom exemplo do "sagrado". A área das lanchonetes é talvez o espaço ritual mais importante do SC. Como tal apresenta algumas características marcantes: é um lugar *central* marcado pela *convergência* de pessoas de sexo, idade e ocupação diferentes. E não é por acaso que as lojas "jovens" concentram-se próximas a ela. Afinal, a própria Administração reconhece que está tentando formar sua primeira "geração Iguatemi" – constituída de fiéis compradores, o que se faria pela criação do hábito entre jovens e crianças.

O próprio equipamento do SC induz à convergência (é suficiente lembrar o trajeto sugerido pelos corredores e escadarias, que "levam" as pessoas até lá).

Além da própria ambientação, esse espaço se qualifica como "sagrado", em função dos rituais que as pessoas ali vivenciam. Em termos de motivação, penso que há ali dois ou três tipos de ritual:

1. o dos que têm como base a necessidade de convívio social, como os encontros entre amigos, entre parentes, entre namorados;

2. o dos que têm por base o reforço ou definição de identidades (o que pressupõe ou está embutido também no primeiro tipo):

– reforço da identidade sexual: a "paquera", o "flerte", o andar com pessoas do mesmo sexo, entre os grupos mais jovens, especialmente adolescentes;

– reforço da identidade social ou de *status*: o comer bem e o trajar bem, entre as pessoas de mais idade, principalmente; o próprio fato de estar num lugar tido como agradável, de bom gosto, de usufruir o conforto ambiental;

3. eventualmente, o ritual de projeção/identificação em torno de "mitos" da nossa cultura – a exaltação da beleza e da elegância, através dos desfiles de moda na plataforma central da Praça ou a apresentação de um cantor famoso, que lá se encontra autografando seus discos, por exemplo.

Tais manifestações relacionam-se com (ou são dimensões de) uma situação cultural, magistralmente analisada por Lipovetsky, ao detectar o importante papel da sedução, como componente essencial deste amplo fenômeno que atua sobre o mundo moderno: a moda.[9] Como utilizei anteriormente a expressão "mitos de nossa cultura", penso que é inteiramente pertinente situar a moda – ela própria, não apenas seus portadores emblemáticos (artistas, manequins famosos, membros da aristocracia, esportistas) – como um desses mitos. Vivida com grande força hoje, a moda acaba criando a sua própria mitologia: trajes caracterizam décadas, manequins ditam os ideais de beleza, elegância, sedução.

Por que, no entanto, estendo essas considerações sobre a moda?

Porque, na minha percepção, SC é um conceito estreitamente relacionado com a moda. Num primeiro sentido, "ir ao *shopping*" é moda, os espaços do SC "estão na moda", e em torno dela fazem-se rituais. O segundo sentido da relação é que no SC há um consenso geral de que se encontram à venda as coisas mais modernas, em especial no que se refere à roupa – a manifestação privilegiada da moda. Basta lembrar que o maior número das lojas do SC são as que vendem roupas e/ou calçados. Há também o comércio de bijuterias e perfumes, inscrevendo-se tudo no quadro amplo da moda.

Natal e Ano Novo no *Shopping*

Escolhi, entre muitas datas rituais, abordar aqui o ciclo natalino, dada a riqueza de manifestações que então se verificam.

No mês de dezembro, com a tradicional melodia "Noite Feliz", ouve-se no rádio o seguinte *jingle*:

> Compra Feliz, compra em Paz
> No Natal do Iguatemi
> São cento e dez lojas no mesmo lugar
> Estacionamento para facilitar
> Lá tem de tudo o que é bom.

Alterando a mensagem tradicional de paz, amor e fraternidade, o *jingle* sugere:

---

9. Gilles Lipovetsky, *O Império do Efêmero: a moda e seus destinos nas Sociedades Modernas*, São Paulo: Ed. Schwarcz, 1989.

1. *consumo*: (o verbo comprar) associado a paz e felicidade, que, por sua vez, aparecem como atributo do SC;

2. *conforto*: outro atributo enfatizado na cantiga através do verbo "facilitar" e da garantia de "lojas no mesmo lugar";

3. *qualidade*: assegurada na frase "lá tem de tudo o que é bom".

Outra mensagem radiofônica nos convida:

> Venha viver um Natal de sonho e fantasia no Iguatemi. Não precisa esperar mais. Seu presente de Natal já está lá.

Neste caso, o Natal, que é sempre um dia assinalado no calendário, antecipa-se. O SC diminui a expectativa, aproximando-o de nós ("não precisa esperar mais"). E ainda que a mensagem seja dirigida ao público adulto, manipula-se com o anseio infantil, que reveste o tempo da espera dos presentes.

Ao mesmo tempo, propõe-se que ali se realize uma superposição entre o imaginário (sonho e fantasia) e o real (venha viver).

A criação de um mundo de "sonho e fantasia" é, de resto, reforçada pela presença concreta de sofisticados equipamentos no amplo espaço que oportuniza a colocação de um cenário, em que o ponto alto são os bonecos que se movem.

A "neve" sobre os bonecos no Natal de 88 é um exemplo de como se pode oferecer aos habitantes de um país tropical, aquilo que vive nos sonhos de tantos: ter um Natal "autêntico", – como o *White Christmas* saxônico original. Numa transposição mágica de latitudes, o SC pretende realizar não apenas um sonho estético como, paradoxal e contraditoriamente (posto que se vale de materiais e mecanismos artificiais e porque, afinal de contas, nosso Natal tradicional não é este), um sonho de "autenticidade".

Outro aspecto da mensagem radiofônica é que um presente nos aguarda no SC.

Ora, o sentido último do presente é ganhar algo de outrem, mas em certas situações – e é o que se percebe nas datas rituais – o presente não é apenas aquilo que é trazido até nós (por Papai Noel, ou por quem quer que seja). No SC somos nós que vamos a ele.

Assim, sutilmente, o movimento de comercialização infiltra-se nas grandes festas, na esfera da vida individual. Porque os presentes que se "dão", são, primeiramente, artigos que alguém compra. Dessa forma, o SC nos propõe uma autogratificação: se não ganho o presente de outrem, eu me autopresenteio. E esse movimento é tanto mais justificado pelo indivíduo, quanto mais ele se percebe numa circunstância social, em que, cotidianamente, lhe são impostas restrições ao consumo, convivendo com incertezas ou dificuldades econômicas, acumulando a pressão do adquirir com a angústia do não poder fazê-lo.

Ocorrendo em dezembro, ao final de doze meses de maior ou menor disciplina na vida econômica, o Natal coincide com (e é pretexto para) um momento de relaxamento desse controle – e isso é particularmente válido para as camadas médias e baixas. É esta a época em que a compra assume uma dimensão verdadeiramente compulsiva e ritualizada, reforçada ainda mais pela dignidade de uma tradição secular e cerimonializada, que se expressa de múltiplas formas. O próprio pacote de presente revela bem esse fato. Não é um pacote comum. A embalagem é mais caprichada, o papel é mais bonito e de melhor qualidade. É intrínseco que o presente, nessa sua condição, faça-se acompanhar de alguma coisa que diga que ele é um presente – o papel, a etiqueta, a fita, o cartãozinho que se lhe agrega.

Se quiséssemos seguir a proposta de perceber no ritual uma inversão, já teríamos, no *jingle* anteriormente citado, uma série de alterações – no caso, as que o capitalismo opera face às mensagens tradicionais.

Outro elemento diferencial é que o apelo do Natal é tão intenso, que mesmo os que não têm hábito de frequentar o SC são sensibilizados por sua ambiência nesta época, aparecendo, então, por lá.

Em sua essência social, Natal e Ano Novo são *festas*.

Quando o já referido *jingle* nos diz que "lá tem de tudo que é bom", este "bom" pode ser interpretado no sentido de qualidade de serviços e produtos, qualidade do próprio espaço do SC, mas, igualmente, o "bom" conota a situação de festa. Como refere Teixeira, as noções de festa e "coisa boa" andam juntas na experiência humana:

> Em sua conotação mais essencial, a palavra festa remete à noção, coletivamente vivenciada, de alegria, bem estar, felicidade, satisfação, amizade, descompromisso. Tudo isso é expresso numa síntese perfeita por *coisa boa*. Exatamente por isso é que as festas se constituem em algo muito afim com um atributo humano fundamental, qual seja, o de procurar o desfrute das coisas tidas por boas.
>
> ... não são exatamente as coisas anunciadas como atração que chamam gente para as festas, mas o cenário onde isso se dá, ou, em linguagem mais figurada, sua 'embalagem' que, como sabemos, valoriza o produto.[10]

10. Sérgio Alves Teixeira, *Os Recados das Festas*, Rio de Janeiro: Inst. Nacional Folclore, FUNART, 1988. p. 23.

Recordo, a propósito, a declaração de um jovem de que aos domingos o SC "não tinha graça, pois faltava gente, movimento". Tal cenário, portanto, não se define apenas como um espaço físico, mas, como a ocupação/movimentação humana que o caracteriza.

Também Michel Bozon atenta para a excepcionalidade da festa, quando investiga sua relação com os comportamentos a que a mesma dá lugar:

> Os eventos festivos aparecem como momentos extremos de sociabilidade, exprimindo de maneira concentrada as tendências sociais profundas que se manifestam sob outras formas na vida cotidiana.[11]

Bozon propõe que, ao menos na cultura francesa,

> ... as festas que marcam a transição de um ano para outro parecem ilustrar ao mais alto ponto o tema da festa-fusão. Não é este período um dos raros momentos de unanimidade social e nacional?[12]

Enquadradas na realidade cultural brasileira, tais festas apontam para o mesmo significado: unanimidade-convergência-congregação. Esta seria sua idealização social.

Mas tal esquema unanimista pode ser relativizado em aspectos particulares, quando se toma o SC como campo de observação. No mínimo, encontram-se maneiras diferenciadas – segundo os grupos sociais – de viver tais ocasiões.

Rivière indica que os espaços fechados (no caso, espaços como o do SC), concorrem para aumentar a sacralidade da festa.[13]

Ao contrário do ritual natalino de tempos passados, em nossos dias – e particularmente no SC – "a festa" é marcantemente definida pelos comerciantes. Isso desde seu "lançamento", já no mês de novembro, quando o Iguatemi oferece à visitação pública uma impressiva decoração, cujo núcleo espacial é a área reservada ao conjunto complexo de bonecos móveis, que identificam os temas do Natal europeu – mas já devidamente assimilados às nossas tradições (Papai Noel, duendes, anões, renas, neve, pinheiros). Embora ainda recente – não tem 10 anos –, vai se formando uma tradição: as pessoas estão interessadas em ver esses bonecos (inclusive, ouvi crianças opinando, avaliando, decidindo que "no ano passado estava mais bonito").

---

11. Bozon, op. cit., p. 169.
12. Id., Ibid. p. 146.
13. Claude Rivière, *Les Liturgies Politiques*, Paris: Presses Universitaires de France, 1988.

Assim como a época do reinício das aulas, o ciclo do Natal / Ano Novo pode ser encarado socialmente como o significado de um rito de passagem (do inverno para o verão, das aulas para as férias, da cidade para o campo ou praia, da obrigação para o descompromisso).

Embora haja diferenças de ênfase na vivência social dessas passagens, o que importa é que, no conjunto, essa época define alterações que se dão dentro de um balizamento capitalista, através do consumo de mercadorias (ou de sua intensificação).

Em conexão com tal consumo, os valores sociais são mobilizados, em especial os familiares (a reunião da família e, num plano ligeiramente inferior, a reunião com os amigos, esta última no Ano Novo), propiciando momentos sociais que são formas festivas de lazer.

Nessas ocasiões, a frequência ao SC torna-se um estágio das celebrações rituais que complementa o que acontece nos espaços da casa e da rua. É verdade que é na casa, no domínio do particular, que se registram os momentos culminantes da festa: a ceia e a distribuição dos presentes. Mas pelo menos, parte dessa festa é garantida pelo olhar vitrinas e escolher presentes – uma atividade que antes do SC ocorria nas ruas comerciais, mas que, agora, atrai para lá um grande número de pessoas.

Fato é que nessa época o SC é visitado por multidões de pessoas, ao menos *sob pretexto* de ser tempo de Natal.

De resto, a visualização dos símbolos natalinos, as músicas alusivas, tudo isso cria o clima de antecipação do Natal. Já é a festa – o seu início. É a preparação perceptiva e psicológica do evento. (Como diz o provérbio: o bom da festa é esperar por ela). Mas é, também, a sua consumação no plano econômico (ou seja, o momento em que os presentes são comprados).

Visitar o SC no Natal, começa a ser uma prática tão importante, quanto a festa em si. É, inclusive, uma alternativa à tradicional visita à igreja. Conforme declarou um motorista de táxi: "Não vou nunca ao *shopping*. Não tenho tempo. Só no Natal, para levar a família para ver aqueles bonecos".

Mas é precisamente em virtude da tradição de dar e receber presentes que o Natal acaba deixando de ser uma festa exclusivamente doméstica, privada. Sua prática se dá num movimento pendular alternativo de entrar em casa e sair para a rua, ficando o ritual prejudicado, se não se *sair* para comprar presentes. E esse *sair* não é, necessariamente, obrigação. Para os mais jovens (mas não exclusivamente para eles), sair é uma forma de lazer. Mas, para que o seja, o deslocamento deve ser feito em direção a um lugar percebido como agradável. É aí que entra a opção pelo SC (mesmo que, nessas épocas, o local seja desconfortável, com espaços apinhados, havendo dificuldade de ser bem atendido, de encontrar os artigos pretendidos, de conseguir um lugar para sentar e descansar junto às lancherias – exatamente como ocorre na Rua da Praia e em todo o Centro da cidade).

Em que pesem os desconfortos, é essa a época de maior comparecimento de setores de grupos, que usualmente não comparecem em grande número ao SC: pessoas idosas e homens adultos (pais de família com mais de 40 anos).

É nesse período que se pode verdadeiramente considerar o SC como um espaço de congregação.

Mais ainda, essas festas simultaneamente familiares e comerciais propiciam o reforço dos laços de família *através da compra*. É comum que, para escolher presentes ou comprá-los, reúnam-se pais, filhos, irmãos. Através do presente, todo um sistema de valores sociais e psicológicos (relativos à instituição familiar) é mobilizado e reatualizado – reatualização esta que é bem característica do processo ritual. É este mesmo mecanismo de marcação do que é importante que explica a escolha do presente e da loja em que vai ser adquirido. Comprar o presente numa loja de maior prestígio ou de preços sabidamente mais altos simboliza apreço e consideração.

Nos grandes momentos rituais da sociedade, os espaços podem ser reapropriados por grupos diferentes dos habituais. Conforme foi observado, na época do Natal, há uma extraordinária ênfase decorativa, criando aquela atmosfera que Bozon caracteriza como "o ar de festa que legitima a intrusão".[14] Também já se viu quem seriam os "intrusos": os mais idosos e as pessoas de camadas mais baixas, como o taxista que levava a família para ver a decoração.

Mas é difícil afirmar que a "abertura" desse espaço para outros grupos constitua uma alteração radical. Tratar-se-ia, antes, de um "enfraquecimento" da noção de exclusividade espacial, quando os mais moços e os mais abonados convivem durante algum tempo com os mais velhos e/ou mais pobres. Em outras palavras, esses momentos rituais parecem ter uma orientação democrática, ao menos do ponto de vista da apropriação física do espaço, ainda que essa orientação não se estenda às práticas cotidianas que a frequentação do SC supõe: compras, uso das lanchonetes, conversas. Nada que me autorizou a perceber aí um incremento das relações interpessoais (interetárias ou intersociais). Toda a "ativação social" se dá intraclasse. E os contatos entre indivíduos de idades diferentes se fazem apenas no sentido interfamiliar; pais e filhos, avós e netos, por exemplo.

---

14. Bozon, op. cit., p. 118.

É mesmo possível, até certo ponto, grande parte do que acontece no SC possa ser interpretado como aspectos de rituais "econômicos", desde que implicam, quase sempre, consumo. Também nessa significação, se objetivam e se cumprem funções relativas ao ritual, como, por exemplo, "recarregar" significados e "canalizar" energias sociais.

No entanto, esses rituais não se encerram simplesmente numa interpretação econômica. Inscritos numa situação muito mais complexa, revelam outros aspectos da vida social.

O *Shopping* e as Camadas Médias

Tanto os ricos como a classe média frequentam o SC, mas com motivações e formas de ocupação e assiduidade diversas. Na verdade, ir ao SC nunca desprestigia, nem mesmo aos ricos. Frequentá-lo supõe uma certa disponibilidade de tempo e dinheiro e isso é convencionalmente associado a uma boa situação social. No entanto, o rico vai ao SC basicamente para comprar. Não precisando pesquisar preços, escolhe a praticidade das lojas concentradas num espaço confortável. Mesmo assim, o Iguatemi não é o lugar preferencial dos ricos para compras. Eles encontram mais exclusividade em butiques, menos frequentadas e situadas fora de lá. Também sinaliza melhor seu *status* social comprar artigos no exterior ou numa *free-shop*, que no SC da própria cidade.

Se os ricos de mais de 30 anos buscam fora dali exclusividade, os jovens, mais homogêneos em sua moda e outros objetos de uso, são atraídos pelo prestígio das marcas que se estabeleceram no SC – uma espécie de reforço do eu, eventualmente mais necessário às faixas etárias mais baixas.

Mas a classe média, esta sim, encontra no SC não apenas seu lugar privilegiado de compras, como também de lazer, pois seus espaços e oportunidades de diversão são mais limitados que os dos ricos.

Suas alternativas tendem a concentrar-se num espaço multifuncional como o de um SC. É esse o grupo que, efetivamente, dá o "tom" aos símbolos e práticas do Iguatemi. Limpo, bonito, seguro e alegre, ele é diferente do meio urbano, onde precisa se movimentar diariamente. Tal positividade, no entanto, não chega a toldar a percepção das dificuldades reais cotidianas.

Se a vitrina é linda, é possível que não se possa comprar o que nela se expõe. A própria agradabilidade do ambiente, com todos os seus símbolos de riqueza, não neutraliza a frustração de não poder adquiri-los. Pode até aguçá-lo. Mas se a compra é mesmo necessária, por que, então, não unir o útil ao agradável, buscando o SC? Afinal ali há uma espécie de charme que noutros lugares não se encontra.

São também essas camadas médias que dão ao SC o toque de brasilidade: chegam lá conversando alto, rindo bastante, e mantêm esse comportamento por todos os lugares por onde andam. Encontram amigos, param nos corredores, se abraçam e beijam, conversam, formando grupos que obstaculizam a passagem dos demais. Ocupam o SC alegremente, extraindo diversão de pouca coisa. Os homens são capazes de encontrar distração diante da televisão da loja que mostra um jogo de futebol – e até certo ponto reproduzem a interação dos torcedores num estádio, trocando opiniões com o desconhecido ao lado. Como costuma fazer o brasileiro, é preciso comunicar-se, fazer piada, criar um clima positivo. É mais uma dimensão de uma cultura que acha que não se deve "morrer na praia", de um otimismo que manda "fazer de um limão uma limonada", e que frequenta um SC, *apesar* da crise econômica, porque lá ainda se pode paquerar, conversar, ver mulher bonita, e tudo isso sem precisar "misturar-se com o povão", pois, para as camadas médias, "lá não tem bagaceiro".

SOBRE O LIVRO

Coleção: Prismas
Formato: 16 x 23 cm
Mancha: 30 x 46 paicas
Tipologia: Palton Light 12/14
Papel: Pólen 70 g/m² (miolo)
Offset 240 g/m² (capa)
1ª edição: 1992

EQUIPE DE REALIZAÇÃO

Produção Gráfica
Sidnei Simonelli (Gerente)

Edição de Texto
Maria Apparecida F. M. Bussolotti (Assistente Editorial)
Erandy Lopes (Preparação de Original)
Fábio Gonçalves
Bernadete dos Santos Abreu e
Fernanda Spinelli Rossi (Revisão)
Oitava Rima Prod. Editorial (Atualização Ortográfica)

Editoração Eletrônica
Oitava Rima Prod. Editorial

Projeto Visual
Lourdes Guacira da Silva

Impressão e Acabamento:
psi7
Printing Solutions & Internet 7 S.A